Projeto Ápis

MARIA ELENA SIMIELLI

Bacharela e licenciada em Geografia pela Universidade de São Paulo (USP).
Professora doutora em Geografia e professora livre-docente do Departamento de Geografia – Pós-graduação, USP.
Ex-professora dos Ensinos Fundamental e Médio nas redes pública e particular do estado de São Paulo.

GEOGRAFIA

1º ANO
Ensino Fundamental

editora ática

Presidência: Mario Ghio Júnior
Direção geral de Conteúdo e Operações: Wilson Troque
Direção editorial: Lidiane Vivaldini Olo
Gerência editorial: Viviane Carpegiani
Gestão de área: Tatiany Renó
Edição: Luciana Nicoleti (coord.), Maria Luisa Nacca
Planejamento e controle de produção: Flávio Matuguma, Juliana Batista, Felipe Nogueira e Juliana Gonçalves
Revisão: Hélia de Jesus Gonsaga (ger.), Kátia Scaff Marques (coord.), Rosângela Muricy (coord.), Ana Paula C. Malfa, Brenda T. M. Morais, Daniela Lima, Diego Carbone, Flavia S. Vênezio, Gabriela M. Andrade, Hires Heglan, Kátia S. Lopes Godoi, Luciana B. Azevedo, Luiz Gustavo Bazana, Malvina Tomáz, Patricia Cordeiro, Patrícia Travanca, Paula T. de Jesus e Vanessa P. Santos; Bárbara de M. Genereze (estagiária)
Arte: Claudio Faustino (ger.), Erika Tiemi Yamauchi (coord.), Elen Camioto, Nathalia Laia (edição de arte)
Iconografia e tratamento de imagem: Sílvio Kligin (ger.), Denise Durand Kremer (coord.), Thaisi Lima (pesquisa iconográfica), Fernanda Crevin (tratamento de imagens)
Licenciamento de conteúdos de terceiros: Roberta Bento (gerente), Jenis Oh (coord.), Liliane Rodrigues, Flávia Zambon e Raísa Maris Reina (analistas de licenciamento)
Ilustrações: Alessandra Tozzi, Claudia Marianno, Danillo Souza, Giz de Cera Studio, Ilustra Cartoon, Léo Fanelli e Lie Kobayashi
Design: Talita Guedes da Silva (proj. gráfico e capa)
Ilustração de capa: Barlavento Estúdio

Todos os direitos reservados por Somos Sistemas de Ensino S.A.
Avenida Paulista, 901, 6º andar – Bela Vista
São Paulo – SP – CEP 01310-200
http://www.somoseducacao.com.br

Dados Internacionais de Catalogação na Publicação (CIP)

```
Simielli, Maria Elena
    Projeto Ápis : Geografia : 1º ao 5º ano / Maria Elena
Simielli. -- 4. ed. -- São Paulo : Ática, 2020.
    (Projeto Ápis ; vol. 1 ao 5)

Bibliografia

1. Geografia (Ensino fundamental) Anos iniciais I.
Título II. Série
                                    CDD 372.891
20-1073
```

Angélica Ilacqua - Bibliotecária - CRB-8/7057

2022
Código da obra CL 750404
CAE 721255 (AL) / 721256 (PR)
ISBN 9788508195480 (AL)
ISBN 9788508195497 (PR)
4ª edição
3ª impressão
De acordo com a BNCC.

Impressão e acabamento: Vox Gráfica

Uma publicação

APRESENTAÇÃO

CARO ALUNO,

ESTA COLEÇÃO FOI FEITA PENSANDO EM VOCÊ, UMA CRIANÇA QUE ESTÁ COMEÇANDO A GRANDE AVENTURA DE EXPLORAR O MUNDO POR MEIO DOS ESTUDOS.

COMO PROFESSORA, PROCURO SEMPRE ESTIMULAR CADA ALUNO A RECONHECER COMO A GEOGRAFIA ESTÁ PRESENTE NO DIA A DIA, DE UMA MANEIRA TÃO NATURAL QUE ÀS VEZES NEM PENSAMOS NELA.

POR ISSO, NESTE LIVRO, VOCÊ VAI TRABALHAR DE UMA FORMA PRÁTICA. ORIENTADO POR SEU PROFESSOR, É VOCÊ QUEM VAI CONSTRUIR A GEOGRAFIA, TANTO NA SALA DE AULA QUANTO NAS OUTRAS ATIVIDADES DO SEU DIA A DIA.

ESPERO QUE ESTE LIVRO AJUDE VOCÊ, ALUNO, A COMPREENDER MELHOR O MUNDO EM QUE VIVEMOS E A PARTICIPAR DELE ATIVAMENTE PARA CONSTRUIR UMA SOCIEDADE CADA VEZ MELHOR.

QUE TAL EMBARCAR NESSA VIAGEM?

A AUTORA

CONHEÇA SEU LIVRO

ESTE LIVRO CONTÉM DUAS UNIDADES. CADA UNIDADE TEM DOIS CAPÍTULOS.

ABERTURA DE UNIDADE

NO INÍCIO DE CADA UNIDADE HÁ UMA ILUSTRAÇÃO E ALGUMAS QUESTÕES PARA DESPERTAR O SEU INTERESSE PELO TEMA QUE SERÁ ESTUDADO.

ABERTURA DE CAPÍTULO

IMAGENS, TEXTOS E ATIVIDADES ORAIS ESTIMULAM VOCÊ A CONVERSAR COM OS COLEGAS SOBRE OS ASSUNTOS QUE SERÃO ESTUDADOS.

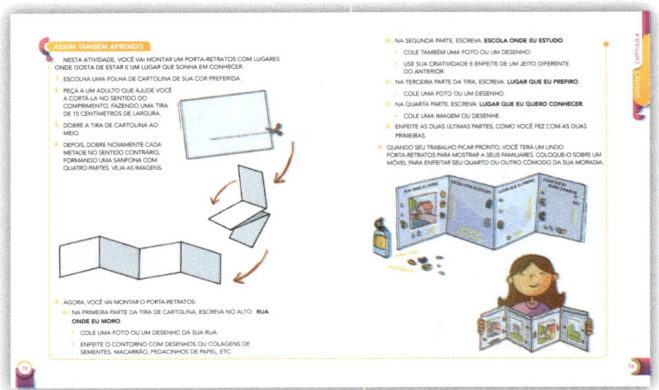

ASSIM TAMBÉM APRENDO

HISTÓRIAS EM QUADRINHOS, TIRINHAS E BRINCADEIRAS VÃO AJUDAR NO SEU APRENDIZADO.

PARA FACILITAR A COMPREENSÃO DOS TEXTOS, O SIGNIFICADO DE ALGUMAS PALAVRAS SERÁ APRESENTADO NA PRÓPRIA PÁGINA: NO **VOCABULÁRIO**.

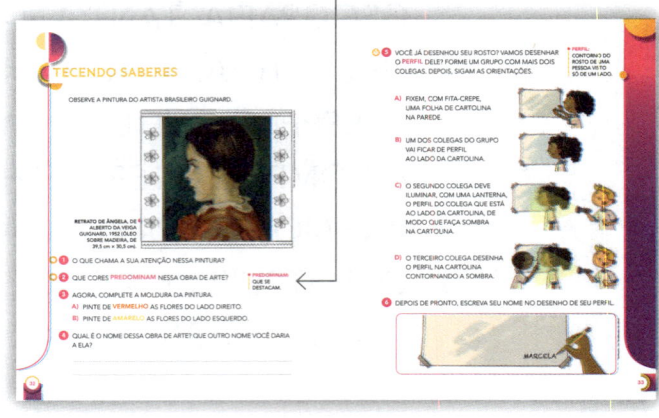

SAIBA MAIS

TEXTOS, IMAGENS E ATIVIDADES PARA AMPLIAR SEUS CONHECIMENTOS E AGUÇAR SUA CURIOSIDADE.

TECENDO SABERES

AQUI VOCÊ VAI ENTRELAÇAR OS CONHECIMENTOS DA GEOGRAFIA COM OS SABERES DE OUTRAS DISCIPLINAS.

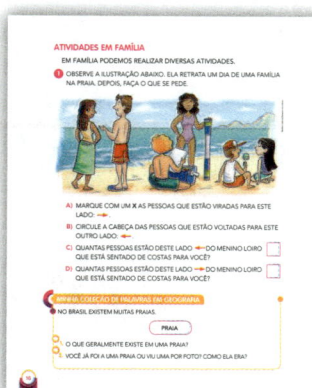

MINHA COLEÇÃO DE PALAVRAS EM GEOGRAFIA

AO LONGO DOS CAPÍTULOS E AO FINAL DE CADA UNIDADE, VOCÊ VAI ENCONTRAR ATIVIDADES QUE EXPLORAM O SENTIDO DE ALGUMAS PALAVRAS IMPORTANTES PARA A DISCIPLINA.

GLOSSÁRIO

NO FINAL DO LIVRO VOCÊ ENCONTRA O SIGNIFICADO DE PALAVRAS DESTACADAS NO TEXTO, IMPORTANTES PARA O ESTUDO DE GEOGRAFIA.

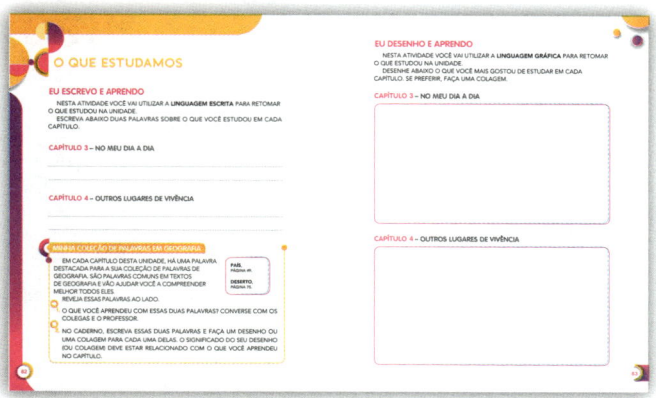

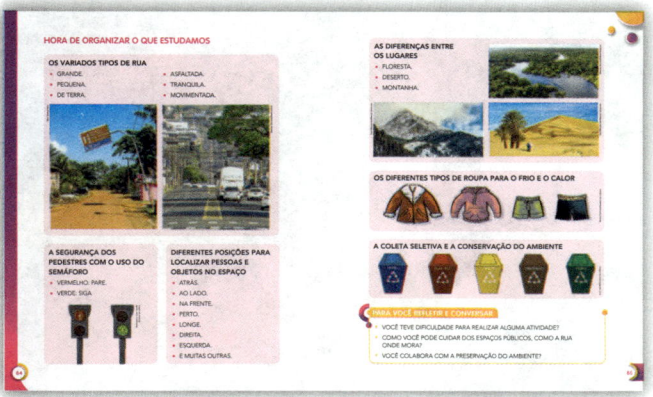

O QUE ESTUDAMOS

É O ENCERRAMENTO DA UNIDADE DE ESTUDO. AQUI VOCÊ VAI TRABALHAR A ESCRITA E O DESENHO, RETOMAR O QUE FOI ESTUDADO, ALÉM DE REFLETIR SOBRE O QUE APRENDEU.

MATERIAL COMPLEMENTAR
ACOMPANHA O LIVRO DO ALUNO:

ÁPIS DIVERTIDO
JOGOS QUE EXPLORAM OS TEMAS ESTUDADOS E IMAGENS PARA VOCÊ UTILIZAR EM ALGUMAS ATIVIDADES DO LIVRO.

CADERNO DE ATIVIDADES
ATIVIDADES PARA VOCÊ PRATICAR O QUE APRENDEU EM CADA UNIDADE.

ÍCONES

 ATIVIDADE ORAL

 ATIVIDADE EM GRUPO

 ATIVIDADE EM DUPLA

 ATIVIDADE NO CADERNO

 PESQUISE

SUMÁRIO

UNIDADE 1 — MEU LUGAR NO MUNDO 8

CAPÍTULO 1
MEUS LUGARES DE VIVÊNCIA 10
PARA INICIAR 10
VIVER EM FAMÍLIA 11
MINHA MORADIA 20

CAPÍTULO 2
EU E AS OUTRAS CRIANÇAS 28
PARA INICIAR 28
DESENHANDO MEU CORPO 29
TECENDO SABERES 32
BRINCAR É MUITO BOM! 35
O QUE ESTUDAMOS 42

UNIDADE 2 — A VIDA COTIDIANA E A NATUREZA 46

CAPÍTULO 3
NO MEU DIA A DIA 48
- PARA INICIAR 48
- MINHA RUA 49
- MINHA ESCOLA 57
- TECENDO SABERES 62

CAPÍTULO 4
OUTROS LUGARES DE VIVÊNCIA 64
- PARA INICIAR 64
- LUGARES QUE EU CONHEÇO 65
- LUGARES QUE EU NÃO CONHEÇO 74
- O QUE ESTUDAMOS 82

GLOSSÁRIO 86
BIBLIOGRAFIA 88

UNIDADE 1
MEU LUGAR NO MUNDO

- QUEM FAZ PARTE DA SUA FAMÍLIA?
- VOCÊ FREQUENTA COM SUA FAMÍLIA LUGARES COMO O DA ILUSTRAÇÃO?
- DO QUE VOCÊS COSTUMAM BRINCAR?

CAPÍTULO 1

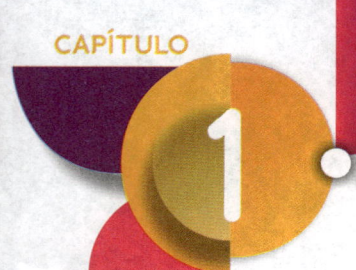

MEUS LUGARES DE VIVÊNCIA

QUE LUGARES VOCÊ FREQUENTA NO SEU DIA A DIA? COM QUEM VOCÊ CONVIVE NELES?

PARA INICIAR

FORME UMA RODA COM OS COLEGAS E ACOMPANHE A LEITURA DO PROFESSOR.

O MEU AVÔ

O MEU AVÔ É DOCE COMO CARAMELO,
O MEU AVÔ É FOFO COMO UM ALGODÃO.
O MEU AVÔ TEM MUITAS COISAS E UM CASTELO
DE MENTIRINHA, MAS É UM BRUTA CASTELÃO.
O MEU AVÔ CONTA PIADAS ENGRAÇADAS
O MEU AVÔ TEM "FIGURINHAS DE MONTÃO"

MUITA GRAÇA, MUITO RISO,
MEU AVÔ SABE BRINCAR.
É TÃO LINDO O SEU SORRISO,
É MEU AAA AAA AAA AAAAA
[...]

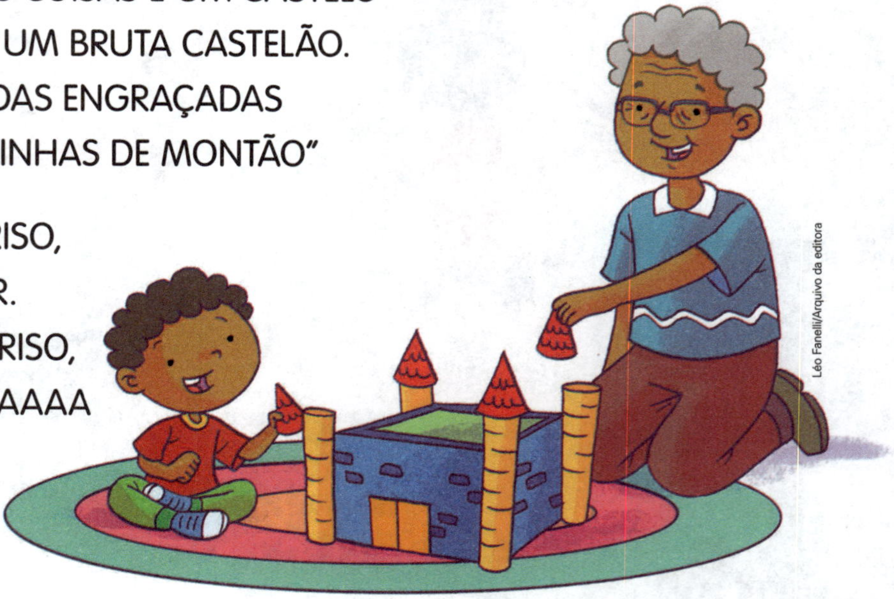
Léo Fanelli/Arquivo da editora

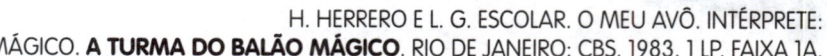

H. HERRERO E L. G. ESCOLAR. O MEU AVÔ. INTÉRPRETE: A TURMA DO BALÃO MÁGICO. **A TURMA DO BALÃO MÁGICO**. RIO DE JANEIRO: CBS, 1983. 1 LP. FAIXA 1A.

SUGESTÃO DE...
LIVRO
AS FANTÁSTICAS AVENTURAS DA VOVÓ MODERNA, DE LEO CUNHA E MARTA LAGARTA. SÃO PAULO: COMPANHIA DAS LETRAS, 2016.

1. ONDE SEUS AVÔS E SUAS AVÓS MORAM? É PERTO DA SUA MORADIA?

2. CONTE ALGO ENGRAÇADO OU INTERESSANTE QUE SEUS AVÔS OU SUAS AVÓS COSTUMAM FAZER.

VIVER EM FAMÍLIA

AGORA, VOCÊ VAI MOSTRAR COMO É A SUA FAMÍLIA.

1 NO QUADRO ABAIXO, DESENHE VOCÊ E SUA FAMÍLIA. DEPOIS, PINTE A MOLDURA DO QUADRO PARA ELE FICAR BEM BONITO.

A) CIRCULE DE **AZUL** A PESSOA MAIS ALTA DA SUA FAMÍLIA.

B) CIRCULE DE **VERMELHO** A PESSOA MAIS BAIXA.

2 CONTE AOS COLEGAS E AO PROFESSOR O NOME DE CADA PESSOA QUE VOCÊ DESENHOU. DEPOIS, COMENTE QUEM SÃO ESSAS PESSOAS.

AS FAMÍLIAS SÃO IGUAIS?

OBSERVE COM ATENÇÃO AS FOTOS DESTA PÁGINA E DA PÁGINA SEGUINTE.

VOCÊ IDENTIFICA UMA FAMÍLIA PARECIDA COM A SUA EM ALGUMA DESSAS FOTOGRAFIAS?

FAMÍLIA EM SÃO FÉLIX DO XINGU, NO ESTADO DO PARÁ, 2016.

FAMÍLIA EM POÇÕES, NO ESTADO DA BAHIA, 2016.

FAMÍLIA EM MINAS NOVAS, NO ESTADO DE MINAS GERAIS, 2015.

FAMÍLIA EM LIMOEIRO, NO ESTADO DE PERNAMBUCO, 2015.

FAMÍLIA EM CABO FRIO, NO ESTADO DO RIO DE JANEIRO, 2017.

FAMÍLIA EM SANTA MARIA, NO ESTADO DO RIO GRANDE DO SUL, 2014.

FAMÍLIA EM CAMPINAS, NO ESTADO DE SÃO PAULO, 2015.

COLE AQUI A FOTO DA SUA FAMÍLIA.

1 COM BASE NA OBSERVAÇÃO DAS FOTOS, FAÇA O QUE SE PEDE.

A) CONTE QUANTAS PESSOAS FORMAM CADA FAMÍLIA. ANOTE O NÚMERO NO QUADRINHO.

B) CIRCULE DE **VERMELHO** A FAMÍLIA COM MAIS PESSOAS. DEPOIS, CIRCULE DE **AZUL** A FAMÍLIA COM MENOS PESSOAS.

C) MARQUE COM UM **X** A FAMÍLIA COM O MESMO NÚMERO DE PESSOAS QUE A SUA.

2 CONVERSE COM OS COLEGAS E O PROFESSOR: CADA FAMÍLIA É DE UM JEITO OU TODAS AS FAMÍLIAS SÃO IGUAIS?

3 AJUDE DANIEL A ORGANIZAR AS FOTOS DA FAMÍLIA DELE.

A) DESTAQUE AS FOTOS DA PÁGINA 3 DO **ÁPIS DIVERTIDO** E COLE ABAIXO. COLOQUE:

- DANIEL, QUE TEM 6 ANOS, NO ALTO E NO CENTRO.
- MARINA, A IRMÃ MAIS VELHA DE DANIEL, AO LADO DELE: →.
- LUCIANA, A IRMÃ MAIS NOVA DE DANIEL, DO OUTRO LADO DELE: ←.
- LUÍS, O PAI DE DANIEL, ABAIXO, ENTRE DANIEL E MARINA.
- VERA, A MÃE DE DANIEL, AO LADO DO PAI DE DANIEL.
- BEM ABAIXO, OS PAIS DA MÃE DE DANIEL (MARIA E JOÃO) E OS PAIS DO PAI DE DANIEL (ROSA E JOSÉ).

B) AGORA, ESCREVA O NOME DE CADA PESSOA.

> **SUGESTÃO DE...**
> **LIVRO**
> **A ÁRVORE DA FAMÍLIA**, DE MAÍSA ZAKZUK. SÃO PAULO: PANDA BOOKS, 2017.

4 AGORA, VOCÊ VAI FAZER UMA PESQUISA. SIGA AS ORIENTAÇÕES.

A) ESCREVA ABAIXO O NOME DE DUAS PESSOAS DA SUA FAMÍLIA.

_____

_____

B) ESCREVA EM CADA QUADRINHO ABAIXO A PRIMEIRA LETRA DOS NOMES ACIMA.
DEPOIS, PROCURE EM JORNAIS E REVISTAS PALAVRAS QUE COMECEM COM ESSAS LETRAS. RECORTE E COLE NOS QUADROS ABAIXO.

5 PARA A BOA CONVIVÊNCIA, HÁ REGRAS QUE DEVEMOS SEGUIR. DIZER **POR FAVOR** E **OBRIGADO** SÃO APENAS ALGUNS EXEMPLOS. QUAIS REGRAS DE CONVIVÊNCIA VOCÊ E SEUS FAMILIARES TÊM? CONVERSE COM OS COLEGAS E O PROFESSOR. DEPOIS, ELABOREM UM CARTAZ COLETIVO COM ALGUMAS REGRAS DE CONVIVÊNCIA EM FAMÍLIA.

ATIVIDADES EM FAMÍLIA

EM FAMÍLIA PODEMOS REALIZAR DIVERSAS ATIVIDADES.

1 OBSERVE A ILUSTRAÇÃO ABAIXO. ELA RETRATA UM DIA DE UMA FAMÍLIA NA PRAIA. DEPOIS, FAÇA O QUE SE PEDE.

A) MARQUE COM UM **X** AS PESSOAS QUE ESTÃO VIRADAS PARA ESTE LADO: ➡ .

B) CIRCULE A CABEÇA DAS PESSOAS QUE ESTÃO VOLTADAS PARA ESTE OUTRO LADO: ⬅ .

C) QUANTAS PESSOAS ESTÃO DESTE LADO ⬅ DO MENINO LOIRO QUE ESTÁ SENTADO DE COSTAS PARA VOCÊ?

D) QUANTAS PESSOAS ESTÃO DESTE LADO ➡ DO MENINO LOIRO QUE ESTÁ SENTADO DE COSTAS PARA VOCÊ?

MINHA COLEÇÃO DE PALAVRAS EM GEOGRAFIA

NO BRASIL EXISTEM MUITAS PRAIAS.

PRAIA

1. O QUE GERALMENTE EXISTE EM UMA PRAIA?

2. VOCÊ JÁ FOI A UMA PRAIA OU VIU UMA POR FOTO? COMO ELA ERA?

2 RAFAELA E SUA FAMÍLIA GOSTAM DE FAZER GINÁSTICA JUNTOS. OBSERVE NA ILUSTRAÇÃO RAFAELA E SUA FAMÍLIA SE EXERCITANDO.

← ESQUERDA   → DIREITA   ↑ PARA CIMA   ↓ PARA BAIXO

A) FAÇA UMA SETA AO LADO DOS BRAÇOS DE CADA PESSOA DA ILUSTRAÇÃO ACIMA INDICANDO A DIREÇÃO EM QUE ELES ESTÃO.

B) O QUE AS PESSOAS DA SUA FAMÍLIA COSTUMAM FAZER JUNTAS? DESENHE NO ESPAÇO ABAIXO. DEPOIS, MOSTRE SEU DESENHO AOS COLEGAS E AO PROFESSOR.

3 COM AS ILUSTRAÇÕES A SEGUIR PODEMOS CONTAR A HISTÓRIA DA VIAGEM DE FÉRIAS DE UMA FAMÍLIA, DESDE A SAÍDA DE CASA ATÉ A CHEGADA À PRAIA.

A) NUMERE AS CENAS DE ACORDO COM A ORDEM EM QUE OS FATOS OCORRERAM.

SUGESTÃO DE...
FILME
OS CROODS. DIREÇÃO: CHRIS SANDERS E KIRK DE MICCO. ESTADOS UNIDOS: DREAMWORKS, 2013. DURAÇÃO: 98 MINUTOS.

B) AGORA, CRIE UMA HISTÓRIA ORAL COM AS CENAS. SIGA AS ORIENTAÇÕES.

- INVENTE UM NOME PARA CADA PERSONAGEM.
- PARA ONDE ESSAS PESSOAS FORAM? QUE CAMINHO PERCORRERAM ATÉ CHEGAR AO LUGAR PLANEJADO?
- A HISTÓRIA SE PASSA DE DIA OU DE NOITE?
- A ROUPA DOS PERSONAGENS COMBINA COM O LUGAR ONDE ESTÃO?
- INVENTE UM TÍTULO PARA A HISTÓRIA.
- CONTE SUA HISTÓRIA AOS COLEGAS E OUÇA A HISTÓRIA DELES. ELAS SÃO PARECIDAS OU DIFERENTES?

ASSIM TAMBÉM APRENDO

LÍVIA É UMA MENINA DE 8 ANOS DE IDADE. AGORA, VOCÊ VAI CONHECER A FAMÍLIA DELA E DESCOBRIR O QUE ELES ESTÃO FAZENDO.

1. DESTAQUE AS PEÇAS DA PÁGINA 3 DO **ÁPIS DIVERTIDO**.

2. MONTE O QUEBRA-CABEÇA E COLE AS PEÇAS NO ESPAÇO ABAIXO. DEPOIS, CIRCULE A LÍVIA.

COLE AQUI SEU QUEBRA-CABEÇA MONTADO.

3. TROQUE IDEIAS COM OS COLEGAS E O PROFESSOR:
   A) COMO É FORMADA A FAMÍLIA DE LÍVIA?
   B) O QUE AS PESSOAS DA FAMÍLIA DELA ESTÃO FAZENDO?

4. EM SUA OPINIÃO, O QUE O AVÔ PODERIA ESTAR SEGURANDO? DESENHE NO ESPAÇO ABAIXO.

MINHA MORADIA

NOSSA MORADIA NOS DÁ ABRIGO. NELA CONVIVEMOS COM NOSSOS FAMILIARES E AMIGOS. OBSERVE NAS FOTOS EXEMPLOS DE MORADIAS.

MORADIA EM BOM JARDIM DA SERRA, NO ESTADO DE SANTA CATARINA, 2017.

MORADIAS NO RIO DE JANEIRO, NO ESTADO DO RIO DE JANEIRO, 2016.

MORADIA EM IMPERATRIZ, NO ESTADO DO MARANHÃO, 2016.

MORADIA EM ALMEIRIM, NO ESTADO DO PARÁ, 2017.

MORADIA EM SÃO MANUEL, NO ESTADO DE SÃO PAULO, 2017.

MORADIAS EM RECIFE, NO ESTADO DE PERNAMBUCO, 2017.

1 VOCÊ JÁ VIU MORADIAS PARECIDAS COM AS MORADIAS APRESENTADAS NA PÁGINA ANTERIOR? QUAL DELAS? PINTE O QUADRINHO CORRESPONDENTE.

2 QUAL DESSAS MORADIAS SE PARECE COM A SUA MORADIA? CIRCULE A FOTO CORRESPONDENTE.

3 PARA CONSTRUIR UMA MORADIA, PODEM SER USADOS DIFERENTES MATERIAIS. LEIA O NOME DOS MATERIAIS NO QUADRO ABAIXO.

TIJOLO	TELHA	FOLHA DE ZINCO
MADEIRA	PALHA	CAL
GRANITO	AREIA	VIDRO
BLOCO	FERRO	CIMENTO

- QUAIS DESSES MATERIAIS FORAM USADOS NA CONSTRUÇÃO DA SUA MORADIA? CIRCULE DE **VERMELHO** NO QUADRO ACIMA E ACRESCENTE OUTROS, SE NECESSÁRIO, NO ESPAÇO ABAIXO.

_____
_____

4 PERGUNTE A UMA PESSOA ADULTA QUE MORA COM VOCÊ QUAIS PROFISSIONAIS TRABALHAM NA CONSTRUÇÃO DE UMA MORADIA. ANOTE A SEGUIR O QUE VOCÊ DESCOBRIU.

- _____
- _____
- _____
- _____
- _____
- _____

5 CONVERSE COM OS COLEGAS E O PROFESSOR SOBRE AS ATIVIDADES QUE OS PROFISSIONAIS LISTADOS ACIMA REALIZAM.

UNIDADE 1 CAPÍTULO 1

OS OBJETOS DAS MORADIAS

ACOMPANHE A LEITURA QUE O PROFESSOR VAI FAZER DO POEMA.

EM CADA COISA, UM ENCANTO...

O MUNDO É CHEIO DE COISAS. [...]
TEM COISAS QUE ESTÃO DENTRO: [...]
SEMENTE DENTRO DA FRUTA...
TEM COISAS QUE ESTÃO FORA:
COELHO FORA DA TOCA. [...]
TEM COISAS QUE ESTÃO EM CIMA:
VASO EM CIMA DA MESA, [...]
TEM COISAS QUE ESTÃO EMBAIXO: [...]
TAPETE EMBAIXO DA MESA,
[...]

BERENICE GEHLEN ADAMS. **EM CADA COISA, UM ENCANTO**. DISPONÍVEL EM: <www.apoema.com.br/poemasinfantis.htm>. ACESSO EM: 28 SET. 2019.

1. DE ACORDO COM O POEMA:

    A) QUAL OBJETO ESTÁ EM CIMA DA MESA? FAÇA NA ILUSTRAÇÃO UMA • NESSE OBJETO.

    B) QUAL OBJETO ESTÁ EMBAIXO DA MESA? FAÇA NA ILUSTRAÇÃO UM **X** NESSE OBJETO.

2. CIRCULE O OUTRO OBJETO QUE ESTÁ EMBAIXO DA MESA NA ILUSTRAÇÃO.

3. ESCREVA O NOME DE DOIS OBJETOS QUE PODEM FICAR EMBAIXO DA SUA CAMA.

    _____

    _____

4. ESCREVA O NOME DE DUAS COISAS QUE FICAM FORA DE CASA.

    _____

    _____

5 CADA COISA TEM SEU LUGAR. VAMOS VER?

A) DESTAQUE AS FIGURAS DA PÁGINA 5 DO **ÁPIS DIVERTIDO**.

B) COLE AS FIGURAS NA ILUSTRAÇÃO ABAIXO, CONFORME AS ORIENTAÇÕES:

- A MESA E AS CADEIRAS PERTO DA GELADEIRA.
- O FOGÃO AO LADO DA PIA.
- O TAPETE NA FRENTE DA PIA.
- A FRUTEIRA EM CIMA DA MESA.

C) AGORA, DESENHE NA ILUSTRAÇÃO ACIMA:

- UMA LIXEIRA EMBAIXO DA JANELA.
- UM COPO EM CIMA DA PIA.
- UM BANQUINHO ENTRE O FOGÃO E A MESA.

6 PROCURE EM JORNAIS E REVISTAS IMAGENS DE DOIS OBJETOS QUE EXISTEM EM SUA MORADIA.

A) RECORTE E COLE ESSAS IMAGENS NOS QUADROS ABAIXO.

B) ESCREVA ABAIXO DOS OBJETOS O NOME DE CADA UM DELES.

7 AGORA, VOCÊ VAI FAZER UM MAPA DA COZINHA DA SUA MORADIA. DESENHE ONDE ESTÃO: A PIA, A GELADEIRA, O FOGÃO E A MESA.

8 AJUDE LUCIANA A ARRUMAR A ESTANTE DO QUARTO DELA.

A) DESENHE NA ILUSTRAÇÃO:
- UM VASO DE FLORES NA PRATELEIRA MAIS ALTA.
- TRÊS LIVROS NA PRATELEIRA MAIS BAIXA, EMPILHADOS.
- DUAS BONECAS EM CADA UMA DAS PONTAS DA PRATELEIRA DO MEIO.
- UM AQUÁRIO ENTRE AS BONECAS.

B) LUCIANA GANHOU DEZ LÁPIS. OBSERVE QUE ELA COLOCOU ALGUNS DELES DENTRO DE UMA CAIXINHA NA ESTANTE. QUANTOS LÁPIS ESTÃO FALTANDO?

OBSERVAÇÃO DE OBJETOS

OS OBJETOS PODEM SER OBSERVADOS, DESENHADOS OU FOTOGRAFADOS DE DIFERENTES MANEIRAS: DE FRENTE, DE LADO, DE CIMA PARA BAIXO.

1 AS FOTOS ABAIXO, NA COLUNA DA ESQUERDA, MOSTRAM OBJETOS VISTOS DO ALTO E DE LADO. AS FOTOS NA COLUNA DA DIREITA MOSTRAM OS MESMOS OBJETOS VISTOS DE CIMA PARA BAIXO.

A) LIGUE AS FOTOS CORRESPONDENTES.

B) IDENTIFIQUE OS OBJETOS ESCREVENDO O NOME DELES NA LINHA ABAIXO DE CADA FOTO.

AS IMAGENS NÃO ESTÃO REPRESENTADAS EM PROPORÇÃO.

Hely Demutti/Arquivo da editora

Hely Demutti/Arquivo da editora

Hely Demutti/Arquivo da editora

Hely Demutti/Arquivo da editora

Hely Demutti/Arquivo da editora

Hely Demutti/Arquivo da editora

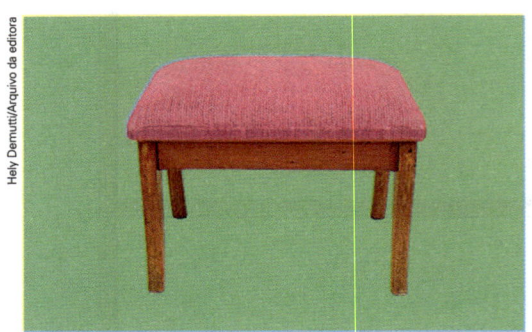

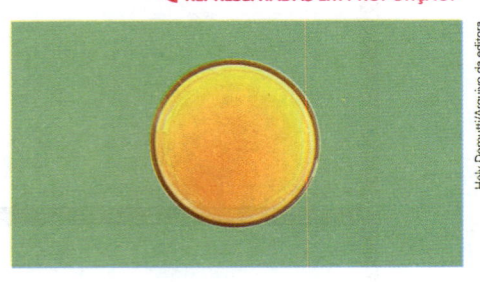

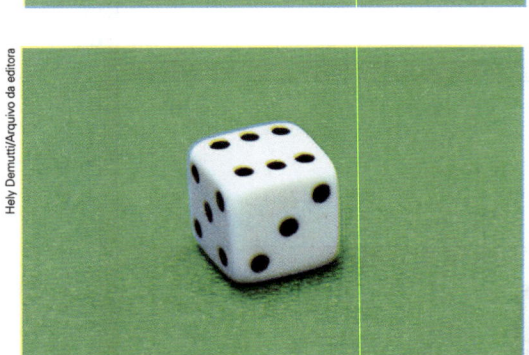

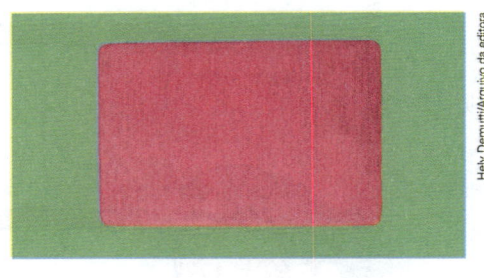

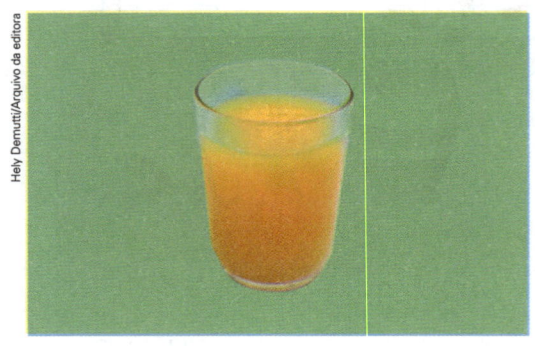

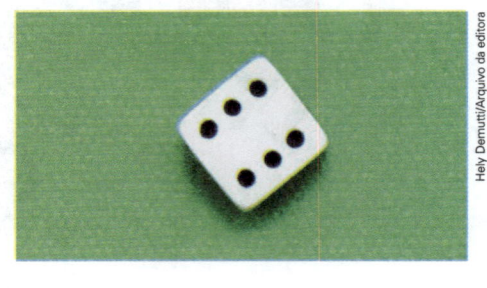

C) AGORA, COM O PROFESSOR, DESCUBRA DO QUE SÃO FEITOS OS OBJETOS ACIMA.

2 OBSERVE AS ILUSTRAÇÕES ABAIXO.

A) NA PRIMEIRA ILUSTRAÇÃO, DESENHE UM COPO EM CIMA DA MESA DA SALA.

B) AGORA, IMAGINE QUE VOCÊ ESTEJA VENDO ESSE COPO DE CIMA PARA BAIXO. DESENHE O COPO NA SEGUNDA ILUSTRAÇÃO, NO MESMO LUGAR: EM CIMA DA MESA DA SALA.

C) COMPARE AS ILUSTRAÇÕES E DESENHE O OBJETO QUE FALTA NA SEGUNDA ILUSTRAÇÃO.

CAPÍTULO 2

EU E AS OUTRAS CRIANÇAS

O QUE VOCÊ GOSTA DE DESENHAR?
VOCÊ COSTUMA FAZER PESSOAS EM SEUS DESENHOS?

PARA INICIAR

ACOMPANHE A LEITURA DO PROFESSOR.

AQUARELA

NUMA FOLHA QUALQUER
EU DESENHO UM **SOL**
AMARELO [...] _____

CORRO O LÁPIS EM TORNO
DA **MÃO** E ME DOU
UMA LUVA _____

E SE FAÇO CHOVER
COM DOIS RISCOS TENHO UM
GUARDA-CHUVA
[...] _____

TOQUINHO, VINÍCIUS DE MORAIS, M. FABRIZIO E G. MORRA. INTÉRPRETE: TOQUINHO. **TOQUINHO NO MUNDO DA CRIANÇA**. SÃO PAULO: CIRCUITO MUSICAL/ED. DELTA, 2005. 1 CD. FAIXA 1.

1 O QUE AS PALAVRAS DESTACADAS REPRESENTAM? DESENHE NOS QUADROS E REESCREVA A PALAVRA AO LADO DO DESENHO.

2 QUAL DESSAS PALAVRAS INDICA UMA PARTE DO NOSSO CORPO?

DESENHANDO MEU CORPO

PODEMOS DESENHAR LUGARES E OBJETOS QUE OBSERVAMOS EM NOSSO DIA A DIA QUE ESTÃO PERTO OU DISTANTES DE NÓS. PODEMOS AINDA DESENHAR O QUE ESTÁ EM NOSSA IMAGINAÇÃO.

PODEMOS TAMBÉM DESENHAR PESSOAS, REPRESENTANDO AS PARTES DO CORPO. VAMOS FAZER ISSO BRINCANDO DE ADIVINHAR?

1 COM O PROFESSOR, DECIFRE AS PISTAS PARA DESCOBRIR A LOCALIZAÇÃO DAS PARTES DE SEU CORPO.
ESCREVA NOS RETÂNGULOS O QUE VOCÊ DESCOBRIU.

A) FICO BEM NO ALTO DE SUA CABEÇA. POSSO SER CURTO, COMPRIDO, LISO, ENROLADO E ATÉ NÃO APARECER.

B) ESTAMOS NA PARTE MAIS BAIXA DE SEU CORPO. COM A NOSSA AJUDA, VOCÊ PODE IR A VÁRIOS LUGARES.

C) FICO ABAIXO DE SUA CABEÇA E ACIMA DE SEU PEITO. QUANDO FAZ FRIO, GOSTO DE USAR **CACHECOL**.

• **CACHECOL:** FAIXA LONGA E ESTREITA DE TECIDO QUE SE USA QUANDO FAZ FRIO.

D) ESTOU EM SEU ROSTO, ABAIXO DOS OLHOS E ACIMA DA BOCA.

E) SOMOS DUAS, QUASE IGUAIS. ENTRE NÓS, ESTÁ SEU ROSTO.

UNIDADE 1 — CAPÍTULO 2

2 OBSERVE SUAS MÃOS E AS MÃOS DE SEUS COLEGAS. ELAS SÃO IGUAIS OU DIFERENTES?

A) O PROFESSOR VAI PASSAR TINTA NA PALMA DE SUA MÃO E VOCÊ VAI CARIMBÁ-LA NO ESPAÇO ABAIXO.

B) COMPARE O CARIMBO DE SUA MÃO COM O DOS COLEGAS. COMENTE AS SEMELHANÇAS E AS DIFERENÇAS ENTRE ELES.

C) DESENHE UMA MÃO MENOR AO LADO DA SUA.

USANDO O CORPO PARA MEDIR

VOCÊ PODE USAR A MÃO ABERTA PARA MEDIR MUITAS COISAS. MEÇA O LADO MAIS COMPRIDO DESTE LIVRO. ELE DEVE TER MAIS OU MENOS DOIS PALMOS, NÃO É?

> A DEFINIÇÃO DAS PALAVRAS DESTACADAS ESTÁ NO GLOSSÁRIO, PÁGINA 86.

 1 FORME DUPLA COM UM COLEGA E SIGA AS ORIENTAÇÕES.

A) O COLEGA VAI MEDIR, COM PALMOS, SEU BRAÇO ESQUERDO, DO OMBRO ATÉ A PONTA DE SEU DEDO MÉDIO.

B) DEPOIS, É A SUA VEZ DE MEDIR O BRAÇO DELE.

C) ANOTE NO QUADRINHO ABAIXO QUANTOS PALMOS MEDE SEU BRAÇO ESQUERDO, DE ACORDO COM O COLEGA.

D) PINTE OS QUADRINHOS ABAIXO, MOSTRANDO QUANTOS PALMOS TEM SEU BRAÇO ESQUERDO. CADA QUADRINHO VALE UM PALMO.

E) COMPARE OS QUADRINHOS QUE VOCÊ PINTOU COM OS DO COLEGA. A QUANTIDADE DE QUADRINHOS PINTADOS É IGUAL OU DIFERENTE?

2 QUAL PARTE DO SEU CORPO ESTÁ REPRESENTADA MAIS PRÓXIMO DO TAMANHO REAL? CIRCULE.

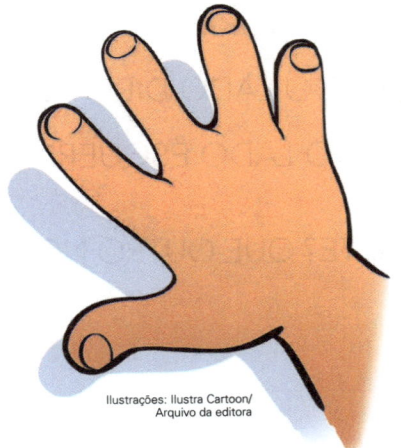
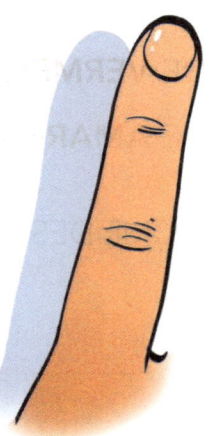

Ilustrações: Ilustra Cartoon/Arquivo da editora

TECENDO SABERES

OBSERVE A PINTURA DO ARTISTA BRASILEIRO GUIGNARD.

RETRATO DE ÂNGELA, DE ALBERTO DA VEIGA GUIGNARD, 1952 (ÓLEO SOBRE MADEIRA, DE 39,5 cm × 30,5 cm).

1 O QUE CHAMA SUA ATENÇÃO NESSA PINTURA?

2 QUE CORES **PREDOMINAM** NESSA OBRA DE ARTE?

● **PREDOMINAM:** QUE SE DESTACAM.

3 AGORA, COMPLETE A MOLDURA DA PINTURA.

   A) PINTE DE **VERMELHO** AS FLORES DO LADO DIREITO.

   B) PINTE DE **AMARELO** AS FLORES DO LADO ESQUERDO.

4 QUAL É O NOME DESSA OBRA DE ARTE? QUE OUTRO NOME VOCÊ DARIA A ELA?

5 VOCÊ JÁ DESENHOU SEU ROSTO? VAMOS DESENHAR O **PERFIL** DELE? FORME UM GRUPO COM MAIS DOIS COLEGAS. DEPOIS, SIGAM AS ORIENTAÇÕES.

• **PERFIL:** CONTORNO DO ROSTO DE UMA PESSOA VISTO SÓ DE UM LADO.

A) FIXEM, COM FITA-CREPE, UMA FOLHA DE CARTOLINA NA PAREDE.

B) UM DOS COLEGAS DO GRUPO VAI FICAR DE PERFIL AO LADO DA CARTOLINA.

C) O SEGUNDO COLEGA DEVE ILUMINAR, COM UMA LANTERNA, O PERFIL DO COLEGA QUE ESTÁ AO LADO DA CARTOLINA, DE MODO QUE FAÇA SOMBRA NA CARTOLINA.

D) O TERCEIRO COLEGA DESENHA O PERFIL NA CARTOLINA CONTORNANDO A SOMBRA.

6 DEPOIS DE PRONTO, ESCREVA SEU NOME NO DESENHO DE SEU PERFIL.

SAIBA MAIS

CADA PARTE DO CORPO HUMANO TEM UMA FUNÇÃO.

1. LEIA O TEXTO E OBSERVE A ILUSTRAÇÃO.

MEU CORPO

EU TENHO DOIS OLHOS
QUE SÃO PARA VER.
EU TENHO UM NARIZ
QUE É BOM PARA CHEIRAR.

EU TENHO UMA BOCA:
SERVE PARA COMER.
E EU TENHO ORELHAS
QUE SÃO PRA ESCUTAR.

TENHO DUAS PERNAS
E TENHO DOIS BRAÇOS
QUE SERVEM PRA ANDAR
E PARA ABRAÇAR.

RUTH ROCHA E JOÃO J. NORO. **MEU CORPO**. SÃO PAULO: MELHORAMENTOS, 1993. P. 2-4.

2. DESENHE O QUE FALTA NO ROSTO DO MENINO DE CAMISETA AMARELA.

3. SUBLINHE, NO POEMA, AS PARTES DO CORPO QUE VOCÊ DESENHOU.

4. FAÇA UM X NA PESSOA QUE ESTÁ MAIS LONGE DESSE MENINO.

5. CIRCULE A PESSOA QUE ESTÁ MAIS PERTO DELE.

BRINCAR É MUITO BOM!

PODEMOS BRINCAR EM GRUPO OU SOZINHOS. ÀS VEZES, USAMOS BRINQUEDOS. OUTRAS VEZES, APENAS A IMAGINAÇÃO.

1 ESCREVA O NOME DAS BRINCADEIRAS OU DOS BRINQUEDOS ILUSTRADOS ABAIXO. DEPOIS, CIRCULE O NOME DAS BRINCADEIRAS QUE COSTUMAM SER FEITAS EM ESPAÇOS PÚBLICOS.

1 _____

2 _____

3 _____

4 _____

Ilustrações: Ilustra Cartoon/Arquivo da editora

2 PERGUNTE A UMA PESSOA ADULTA QUE MORA COM VOCÊ:
- QUAL DAS BRINCADEIRAS ILUSTRADAS ACIMA VOCÊ BRINCAVA QUANDO ERA CRIANÇA? ONDE VOCÊ BRINCAVA?

3 CONTE AOS COLEGAS O QUE VOCÊ DESCOBRIU E FALE SOBRE AS REGRAS DE ALGUMA DESSAS BRINCADEIRAS.

MINHA COLEÇÃO DE PALAVRAS EM GEOGRAFIA

MUITAS BRINCADEIRAS SÃO FEITAS EM ESPAÇOS PÚBLICOS.

(ESPAÇO PÚBLICO)

1. DÊ EXEMPLOS DE ESPAÇOS PÚBLICOS.
2. VOCÊ COSTUMA BRINCAR EM ESPAÇOS PÚBLICOS? QUAIS?

BRINCANDO COM FIGURAS GEOMÉTRICAS

AS ILUSTRAÇÕES ABAIXO MOSTRAM CRIANÇAS BRINCANDO DE ACERTAR A POSIÇÃO DE DIFERENTES CAIXAS DE PAPELÃO E DOS BONECOS E BONECAS. JUNTO COM O PROFESSOR, QUE TAL VOCÊ BRINCAR ASSIM COM OS COLEGAS?

1 TRAGA PARA A SALA DE AULA UM BONECO OU UMA BONECA E UMA CAIXA PEQUENA DE PAPELÃO. O PROFESSOR VAI ORGANIZAR A BRINCADEIRA FAZENDO PERGUNTAS PARA VOCÊ RESPONDER ORALMENTE.

2 ANOTE ABAIXO AS DIFERENTES FIGURAS GEOMÉTRICAS DAS CAIXAS QUE VOCÊ E SEUS COLEGAS TROUXERAM PARA A CLASSE.

_____

_____

3 AGORA, OBSERVE ABAIXO O DESENHO DE UMA CASA. DEPOIS, COPIE A CASA NO QUADRICULADO AO LADO DELA.

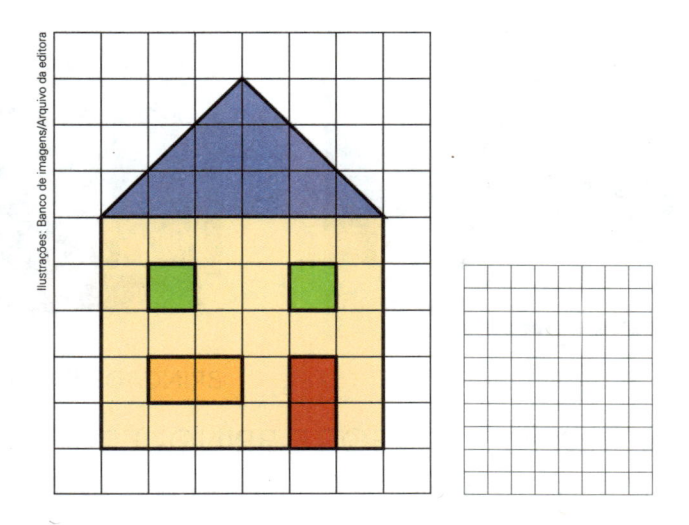

A) A CASA QUE VOCÊ DESENHOU É MAIOR OU MENOR DO QUE A CASA DO LIVRO? ASSINALE COM UM **X**.

☐ MAIOR   ☐ MENOR

B) PINTE APENAS AS FIGURAS GEOMÉTRICAS QUE APARECEM NO DESENHO QUE VOCÊ FEZ.

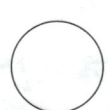

4 COMPLETE O QUE FALTA EM CADA DESENHO E PINTE IGUAL AO MODELO.

MODELO

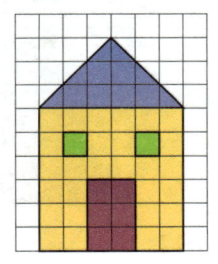

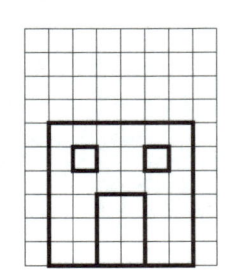

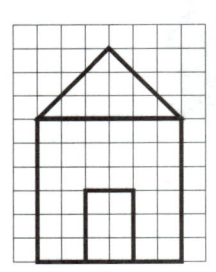

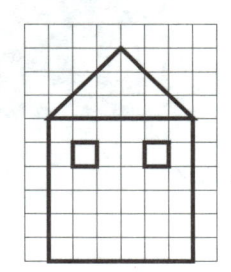

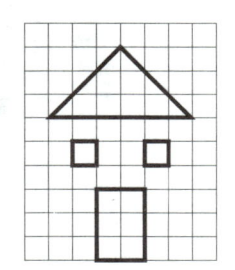

BRINCADEIRAS PELO MUNDO

VOCÊ VIU ALGUNS BRINQUEDOS E BRINCADEIRAS COMUNS NO BRASIL. AGORA VAI CONHECER JOGOS E BRINCADEIRAS DE CRIANÇAS DE OUTROS LUGARES DO MUNDO.

OBSERVE NAS FOTOS QUE AS BRINCADEIRAS, OS JOGOS E OS BRINQUEDOS PODEM SER DIFERENTES DOS QUE EXISTEM NO LUGAR ONDE VOCÊ VIVE.

SUGESTÃO DE... MÚSICA
CASA DE BRINQUEDOS, DE TOQUINHO. SÃO PAULO: UNIVERSAL MUSIC, 2011. 1 CD.

JOGO DE TABULEIRO CARROM. ÍNDIA, 2016.

BRINCADEIRA NA NEVE. CANADÁ, 2017.

MAS HÁ BRINCADEIRAS, JOGOS E BRINQUEDOS SEMELHANTES EM VÁRIOS LUGARES DO MUNDO. OBSERVE AS FOTOS.

AMARELINHA. TURQUIA, 2017.

AMARELINHA. UCRÂNIA, 2018.

AMARELINHA. CHINA, 2019.

AMARELINHA. BRASIL, 2017.

BOLINHA DE GUDE. PALESTINA, 2017.

BOLINHA DE GUDE. INDONÉSIA, 2016.

BOLINHA DE GUDE. ESTADOS UNIDOS, 2018.

BOLINHA DE GUDE. BRASIL, 2017.

1 QUAIS DESSAS BRINCADEIRAS E BRINQUEDOS VOCÊ CONHECE?

2 VOCÊ TEM UM BRINQUEDO PARECIDO COM ALGUM DESSES? QUAL?

3 CITE OUTRA BRINCADEIRA QUE VOCÊ ACHA QUE EXISTE NO BRASIL E TAMBÉM EM OUTROS PAÍSES.

4 PERGUNTE A UM ADULTO QUE MORA COM VOCÊ QUAIS DESSAS BRINCADEIRAS ELE BRINCAVA QUANDO ERA CRIANÇA.

ASSIM TAMBÉM APRENDO

LEIA, COM O PROFESSOR, A LETRA DA CANTIGA.

PIRULITO

PIRULITO QUE BATE, BATE
PIRULITO QUE JÁ BATEU
QUEM GOSTA DE MIM É ELA
QUEM GOSTA DELA SOU EU.
[...]

CANTIGA POPULAR.

BRASIL – MINISTÉRIO DA EDUCAÇÃO. **ADIVINHAS, CANÇÕES, CANTIGAS, PARLENDAS, POEMAS, QUADRINHAS E TRAVA-LÍNGUAS**. BRASÍLIA: FUNDESCOLA/SEF-MEC, 2000. P. 30.

1. A CANTIGA DE RODA ACIMA É BEM ANTIGA. MAS ATÉ HOJE ELA É CONHECIDA POR MUITAS CRIANÇAS. VOCÊ CONHECE ESSA CANTIGA?

2. SE VOCÊ JÁ CONHECE ESSA CANTIGA, ENSINE PARA AQUELES QUE AINDA NÃO A CONHECEM.

3. AGORA, VAMOS CANTAR, FAZENDO UMA BRINCADEIRA DE PALMAS.
   - FORMEM DUPLAS. UM FICA DE FRENTE PARA O OUTRO.
   - CADA PARTE DA CANTIGA VAI SER ACOMPANHADA DE UM TIPO DE PALMAS, DE ACORDO COM AS INSTRUÇÕES DA PRÓXIMA PÁGINA.

PIRULITO — BATER AS PALMAS DAS MÃOS NOS PRÓPRIOS JOELHOS.

BATE, BATE — BATER DUAS PALMAS NO AR.

PIRULITO — BATER DE NOVO AS PALMAS DAS MÃOS NOS JOELHOS.

JÁ — BATER UMA PALMA NO AR.

BATEU — BATER AS PALMAS DE ENCONTRO ÀS DO PARCEIRO.

GOSTA — BATER AS PALMAS DAS MÃOS NOS JOELHOS.

MIM — BATER UMA PALMA NO AR.

ELA — BATER A PALMA DIREITA COM A PALMA DIREITA DO COLEGA.

QUEM — BATER UMA PALMA NO AR.

GOSTA — BATER A PALMA ESQUERDA COM A PALMA ESQUERDA DO COLEGA.

DELA — BATER UMA PALMA NO AR.

SOU EU — BATER AS PALMAS DAS MÃOS NOS JOELHOS.

HELIANA BRANDÃO E MARIA DAS GRAÇAS V. G. FROESELER. **O LIVRO DOS JOGOS E DAS BRINCADEIRAS PARA TODAS AS IDADES.** BELO HORIZONTE: LEITURA, 1997. P. 155.

4. AGORA, AINDA EM DUPLAS E COM A ORIENTAÇÃO DO PROFESSOR, INVENTEM OUTRA SEQUÊNCIA DE PALMAS PARA ESSA MESMA CANTIGA. DEPOIS, FAÇAM UM DESENHO PARA ILUSTRAR A BRINCADEIRA.

O QUE ESTUDAMOS

EU ESCREVO E APRENDO

NESTA ATIVIDADE VOCÊ VAI UTILIZAR A **LINGUAGEM ESCRITA** PARA RETOMAR O QUE ESTUDOU NA UNIDADE.

ESCREVA ABAIXO DUAS PALAVRAS SOBRE O QUE VOCÊ ESTUDOU EM CADA CAPÍTULO.

CAPÍTULO 1 – MEUS LUGARES DE VIVÊNCIA

_____

_____

CAPÍTULO 2 – EU E AS OUTRAS CRIANÇAS

_____

_____

MINHA COLEÇÃO DE PALAVRAS EM GEOGRAFIA

EM CADA CAPÍTULO DESTA UNIDADE HÁ UMA PALAVRA DESTACADA PARA A SUA COLEÇÃO DE PALAVRAS EM GEOGRAFIA. SÃO PALAVRAS COMUNS EM TEXTOS DE GEOGRAFIA E VÃO AJUDAR VOCÊ A COMPREENDER MELHOR TODOS ELES.

REVEJA ESSAS PALAVRAS AO LADO.

> **PRAIA**, PÁGINA 16.
>
> **ESPAÇO PÚBLICO**, PÁGINA 35.

1. O QUE VOCÊ APRENDEU COM ESSAS DUAS PALAVRAS? CONVERSE COM OS COLEGAS E O PROFESSOR.

2. NO CADERNO, ESCREVA ESSAS DUAS PALAVRAS E FAÇA UM DESENHO OU UMA COLAGEM PARA CADA UMA DELAS. O SIGNIFICADO DO SEU DESENHO (OU COLAGEM) DEVE ESTAR RELACIONADO COM O QUE VOCÊ APRENDEU NO CAPÍTULO.

EU DESENHO E APRENDO

NESTA ATIVIDADE VOCÊ VAI UTILIZAR A **LINGUAGEM GRÁFICA** PARA RETOMAR O QUE ESTUDOU NA UNIDADE.

DESENHE ABAIXO O QUE VOCÊ MAIS GOSTOU DE ESTUDAR EM CADA CAPÍTULO. SE PREFERIR, FAÇA UMA COLAGEM.

CAPÍTULO 1 – MEUS LUGARES DE VIVÊNCIA

CAPÍTULO 2 – EU E AS OUTRAS CRIANÇAS

HORA DE ORGANIZAR O QUE ESTUDAMOS

AS DIFERENÇAS E AS SEMELHANÇAS ENTRE AS FAMÍLIAS

AS DIFERENÇAS E AS SEMELHANÇAS ENTRE AS MORADIAS

A UTILIZAÇÃO DO PALMO COMO MEDIDA

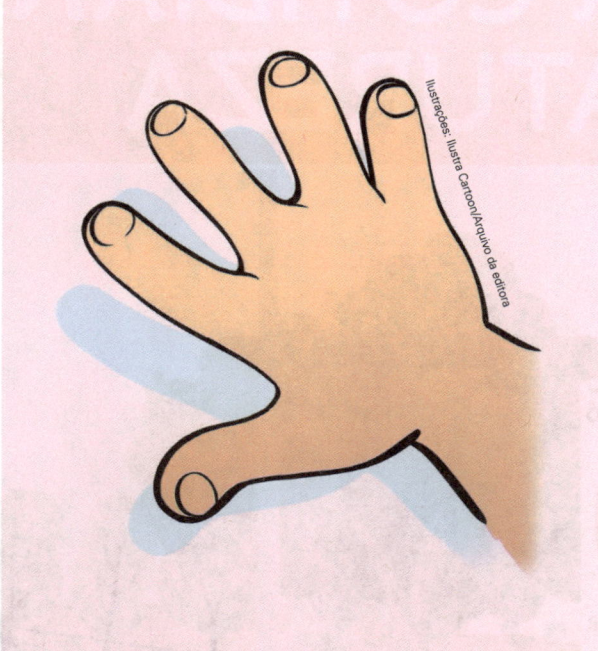

A LOCALIZAÇÃO DOS OBJETOS
- ACIMA.
- ABAIXO.
- ENTRE.
- AO LADO.
- À DIREITA.
- À ESQUERDA.
- PERTO.
- LONGE.

AS DIFERENTES MANEIRAS DE OBSERVAR UM OBJETO
- DE FRENTE.
- DE CIMA PARA BAIXO.
- DE LADO.

AS DIFERENÇAS E AS SEMELHANÇAS ENTRE OS BRINQUEDOS, JOGOS E BRINCADEIRAS QUE EXISTEM NO LUGAR ONDE VOCÊ VIVE E OS QUE EXISTEM EM OUTROS LUGARES DO MUNDO

PARA VOCÊ REFLETIR E CONVERSAR

- VOCÊ TEVE DIFICULDADE PARA REALIZAR ALGUMA ATIVIDADE?
- EXISTE ALGUMA REGRA DE CONVIVÊNCIA QUE VOCÊ GOSTARIA QUE EXISTISSE NA SUA CASA? POR QUE VOCÊ ACHA QUE ELA SERIA IMPORTANTE?
- E NOS ESPAÇOS PÚBLICOS, SERÁ QUE HÁ REGRAS PARA A CONVIVÊNCIA? VOCÊ SABERIA DAR UM EXEMPLO?

UNIDADE

2 A VIDA COTIDIANA E A NATUREZA

- O QUE VOCÊ OBSERVA NA ILUSTRAÇÃO?
- VOCÊ COSTUMA CIRCULAR POR LUGARES COMO ESSE?

CAPÍTULO 3

NO MEU DIA A DIA

COMO É A RUA ONDE VOCÊ MORA?

PARA INICIAR

LEIA O POEMA COM O PROFESSOR.

MINHA RUA

A RUA É PEQUENA,
MEIO TORTA,
O CARRO PASSA RÁPIDO,
AS CASAS FICAM QUIETAS,
JANELAS NEM PISCAM.

NINGUÉM JOGA BOLA NA RUA,
NEM PULA CORDA, ESCONDE-ESCONDE,
BICICLETA, NEM PENSAR.
[...]

REYNALDO DAMAZIO. MINHA RUA. **FOLHA DE S.PAULO**, SÃO PAULO, 8 MAR. 2003. DISPONÍVEL EM: <www1.folha.uol.com.br/folhinha/dicas/di08030317.htm>. ACESSO EM: 19 AGO. 2019.

1 COMO É A RUA DESCRITA NO POEMA?

2 PARA VOCÊ, O POEMA DESCREVE UMA RUA TRANQUILA OU MOVIMENTADA? POR QUÊ?

MINHA RUA

PESSOAS E VEÍCULOS CIRCULAM PELAS RUAS, QUE SÃO ESPAÇOS PÚBLICOS. AS RUAS RECEBEM NOMES OU NÚMEROS E LETRAS PARA FACILITAR SUA IDENTIFICAÇÃO:

SUGESTÃO DE... LIVRO
SE ESSA RUA FOSSE MINHA, DE EDUARDO AMOS. SÃO PAULO: MODERNA, 2015.

- ALGUMAS RUAS TÊM O NOME DE PESSOAS CONHECIDAS OU DE ACONTECIMENTOS IMPORTANTES.

  RUA PEDRO ÁLVARES CABRAL   RUA DA INDEPENDÊNCIA

- OUTRAS RUAS TÊM NOME DE FLORES, CIDADES, ESTADOS OU PAÍSES.

  RUA DAS ROSAS   RUA ARGENTINA   RUA PENÁPOLIS   RUA PIAUÍ

- ALGUMAS RUAS SÃO INDICADAS POR NÚMEROS E LETRAS.

  RUA 22 A   RUA 30 D

- AS RUAS PODEM TER NOMES ENGRAÇADOS OU CURIOSOS.

  RUA DA PONTE QUEBRADA   RUA PURPURINA

- QUAL É O NOME DA RUA ONDE VOCÊ MORA? CONTE AOS COLEGAS E AO PROFESSOR.

MINHA COLEÇÃO DE PALAVRAS EM GEOGRAFIA

ALGUMAS RUAS TÊM NOME DE PAÍSES.

PAÍS

1. EM QUE PAÍS VOCÊ NASCEU? EM QUE PAÍS VOCÊ MORA?
2. VOCÊ CONHECE PESSOAS QUE MORAM NO BRASIL MAS NASCERAM EM OUTRO PAÍS? QUAL É O NOME DO PAÍS?

AS RUAS SÃO TODAS IGUAIS?

HÁ MUITOS TIPOS DE RUA. ELAS PODEM SER GRANDES OU PEQUENAS, LARGAS OU ESTREITAS, TRANQUILAS OU MOVIMENTADAS.

LEIA O TEXTO ABAIXO COM O PROFESSOR.

A RUA É UM LOCAL PÚBLICO, QUE PERTENCE A TODOS. [...]
UMA RUA PODE TER CONSTRUÇÕES DOS DOIS LADOS. ELA PODE TER CALÇADA PARA O PEDESTRE CAMINHAR COM SEGURANÇA. E PODE SER ASFALTADA [1], DE TERRA [2] OU DE CASCALHO.
UMA RUA PODE CRUZAR COM OUTRA RUA, FORMANDO UMA ESQUINA [3]. TAMBÉM PODE SER UMA RUA SEM SAÍDA [4] [...].
QUANDO A RUA É MUITO LARGA, GERALMENTE É CHAMADA DE AVENIDA [5].

ROSALY BRAGA CHIANCA E LEONARDO CHIANCA.
TODO DIA DEVIA SER DIA DA CRIANÇA. SÃO PAULO: ÁTICA, 2000. P. 38.

PEDESTRE: PESSOA QUE ANDA A PÉ PELAS RUAS.

1 DE ACORDO COM O TEXTO, O QUE É UMA RUA? CONVERSE COM OS COLEGAS E O PROFESSOR.

2 QUAL TIPO DE RUA CITADO NO TEXTO SE PARECE COM A RUA EM QUE VOCÊ MORA? FAÇA UM DESENHO DELA NO ESPAÇO ABAIXO.

3 COMO É A RUA DA ESCOLA? CONVERSE COM OS COLEGAS.

4 AS FOTOS ABAIXO REPRESENTAM ALGUNS TIPOS DE RUA CITADOS NO TEXTO DA PÁGINA AO LADO. ESCREVA NO QUADRINHO DE CADA UMA DELAS UM NÚMERO CORRESPONDENTE.

SÃO LUÍS, NO ESTADO DO MARANHÃO, 2018.

CAMPO MOURÃO, NO ESTADO DO PARANÁ, 2017.

ITACARÉ, NO ESTADO DA BAHIA, 2016.

CAMPO GRANDE, NO ESTADO DE MATO GROSSO DO SUL, 2019.

RIO DE JANEIRO, NO ESTADO DO RIO DE JANEIRO, 2019.

5 CONVERSE COM OS COLEGAS E O PROFESSOR: QUE OUTROS TIPOS DE RUA VOCÊS CONHECEM?

6 TODAS AS RUAS ACIMA FORAM FOTOGRAFADAS DURANTE O DIA. REVEJA A FOTO QUE MOSTRA UMA AVENIDA MOVIMENTADA. SERÁ QUE ELA TAMBÉM É ASSIM À NOITE? O QUE MUDA? TROQUE IDEIAS COM OS COLEGAS E O PROFESSOR.

7 NAS RUAS, CADA CONSTRUÇÃO É IDENTIFICADA COM UM NÚMERO. AS CONSTRUÇÕES SÃO UTILIZADAS DE MANEIRAS DIFERENTES. NELAS TRABALHAM DIFERENTES PROFISSIONAIS.

A) DESTAQUE AS FIGURAS DA PÁGINA 5 DO **ÁPIS DIVERTIDO**. COLE CADA UMA DELAS NO ESPAÇO CORRESPONDENTE.

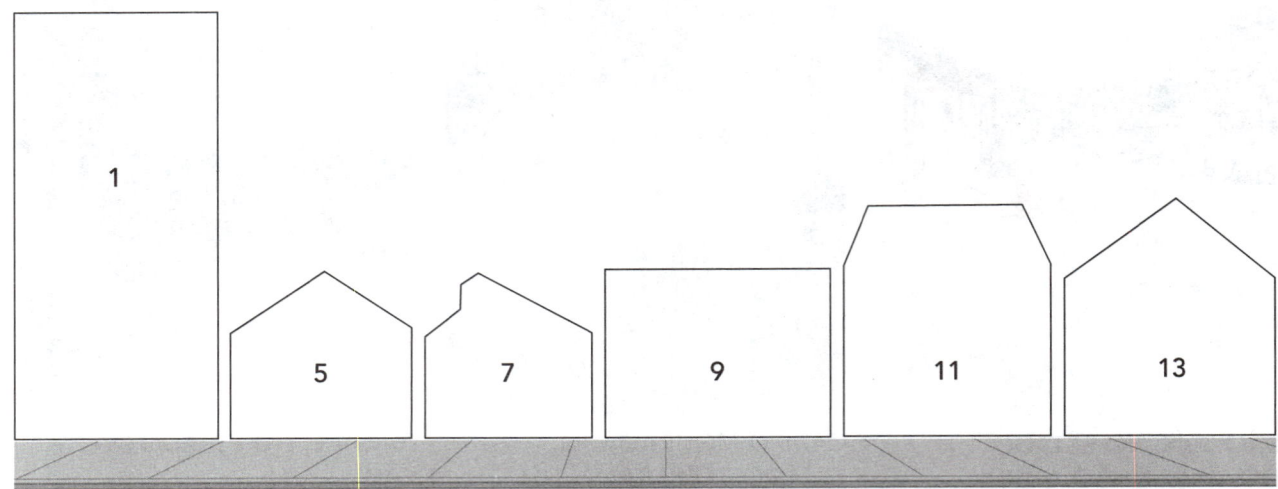

1   5   7   9   11   13

Ilustra Cartoon/Arquivo da editora

B) AGORA, ANOTE:
- O NÚMERO DO PRÉDIO É: _____.
- O NÚMERO DA ESCOLA É: _____.
- O NÚMERO DA PADARIA É: _____.
- A PADARIA ESTÁ ENTRE O NÚMERO _____ E O NÚMERO _____.
- DESENHE UMA ESTRELA ACIMA DA CASA NÚMERO 7.

C) AGORA, RESPONDA:
- O QUE ESTÁ À DIREITA DA CASA NÚMERO 7?

  _____

- O QUE ESTÁ MAIS LONGE DO PRÉDIO: A ESCOLA OU A PADARIA?

  _____

D) QUE PROFISSIONAIS GERALMENTE TRABALHAM NAS CONSTRUÇÕES 1 E 9? QUE ATIVIDADES ELES REALIZAM?
CONVERSE COM O PROFESSOR E OS COLEGAS SOBRE A IMPORTÂNCIA DO TRABALHO DELES.

8 AGORA, DESENHE SUA ESCOLA NO CENTRO DO QUADRO ABAIXO. DEPOIS, DESENHE O QUE HÁ À DIREITA ➡ E À ESQUERDA ⬅ DELA.

A) QUAL É O NÚMERO DA ESCOLA ONDE VOCÊ ESTUDA? ESCREVA NO QUADRINHO AO LADO E NO SEU DESENHO.

B) ESCREVA ABAIXO O NOME DE TRÊS PROFISSIONAIS QUE TRABALHAM NA SUA ESCOLA. DEPOIS, CONVERSE COM OS COLEGAS E O PROFESSOR SOBRE O QUE ELES FAZEM.

_____
_____
_____

OUTROS ESPAÇOS PÚBLICOS

A RUA É UM ESPAÇO PÚBLICO, COMO VOCÊ ESTUDOU. EM QUAL OUTRO ESPAÇO PÚBLICO VOCÊ COSTUMA CIRCULAR?

OS **MUSEUS** GERALMENTE SÃO ESPAÇOS PÚBLICOS. VOCÊ JÁ FOI A UM MUSEU?

• **MUSEUS:** INSTITUIÇÕES ABERTAS AO PÚBLICO QUE TÊM O OBJETIVO DE CONSERVAR, ESTUDAR E EXPOR COLEÇÕES DE VALOR HISTÓRICO, ARTÍSTICO, CIENTÍFICO E CULTURAL.

1) BRUNO E SEUS COLEGAS DE CLASSE VÃO CONHECER UM MUSEU. ELES FORMARAM UMA FILA PARA ENTRAR NO ÔNIBUS QUE VAI LEVAR A TURMA ATÉ LÁ.

A) OBSERVE A ILUSTRAÇÃO E VEJA ONDE ESTÁ BRUNO.

- QUANTOS ALUNOS ESTÃO ATRÁS DE BRUNO? ☐
- QUANTOS ESTÃO NA FRENTE DE BRUNO? ☐
- QUANTOS ALUNOS ESTÃO NA FILA, CONTANDO O BRUNO? ☐
- CIRCULE O ALUNO QUE ESTÁ MAIS LONGE DE BRUNO.

B) VOCÊ E SEUS COLEGAS COSTUMAM SE ORGANIZAR EM FILA? EM QUAIS SITUAÇÕES?

C) NA VISITA AO MUSEU, AS CRIANÇAS VIRAM A FOTOGRAFIA ABAIXO. ELA RETRATA UMA PINTURA FEITA POR POVOS ANTIGOS QUE VIVERAM NO BRASIL MUITOS ANOS ATRÁS. ESSES POVOS COSTUMAVAM PINTAR CENAS DO DIA A DIA E OS ANIMAIS QUE ELES CAÇAVAM.

PINTURA RUPESTRE, SÍMBOLO DO PARQUE NACIONAL SERRA DA CAPIVARA, NO PIAUÍ, 2015.

PINTURA RUPESTRE: INSCRIÇÃO OU DESENHO FEITO POR POVOS ANTIGOS EM ROCHAS E CAVERNAS.

- QUE ANIMAIS VOCÊ IDENTIFICA NA PINTURA?
- UM DESSES ANIMAIS JÁ É ADULTO E O OUTRO AINDA É FILHOTE. ONDE ESTÁ O FILHOTE? _____

2 AGORA É A SUA VEZ! COM OS COLEGAS, VOCÊ VAI FAZER UMA PINTURA INSPIRADA NA FOTO ACIMA.

A) O PROFESSOR ORGANIZARÁ O MATERIAL QUE CADA ALUNO DEVE TRAZER.

B) EM UMA FOLHA DE PAPEL PARDO, DESENHE UM ANIMAL QUE FAÇA PARTE DO SEU DIA A DIA.

C) DEPOIS, USANDO OS MATERIAIS QUE A TURMA TROUXE, PINTE SEU DESENHO.

D) COM OS COLEGAS, EXPONHA SUA PRODUÇÃO NO MURAL DA SALA.

SAIBA MAIS

PARA QUE AS PESSOAS CIRCULEM NAS RUAS COM SEGURANÇA, PEDESTRES E MOTORISTAS PRECISAM RESPEITAR AS REGRAS DE TRÂNSITO. CONHEÇA ALGUMAS DELAS:

- QUANDO A LUZ VERDE DO SEMÁFORO PARA PEDESTRES ESTÁ ACESA, PODEMOS ATRAVESSAR A RUA.
- QUANDO A LUZ VERMELHA DO SEMÁFORO PARA PEDESTRES ESTÁ ACESA, DEVEMOS PARAR E ESPERAR.
- A FAIXA DE SEGURANÇA, PINTADA NA RUA, INDICA O LUGAR CORRETO ONDE DEVEMOS ATRAVESSAR.

PEDESTRES NA FAIXA DE SEGURANÇA EM BRASÍLIA, NO DISTRITO FEDERAL, 2016.

1. PINTE NA ILUSTRAÇÃO ABAIXO O PEDESTRE QUE ESTÁ ATRAVESSANDO A RUA NO LUGAR CORRETO.

2. PINTE COM A COR CERTA O BONECO DO SEMÁFORO QUE INDICA AS SITUAÇÕES ABAIXO:

    A) PODEMOS ATRAVESSAR A RUA.

    B) **NÃO** PODEMOS ATRAVESSAR A RUA.

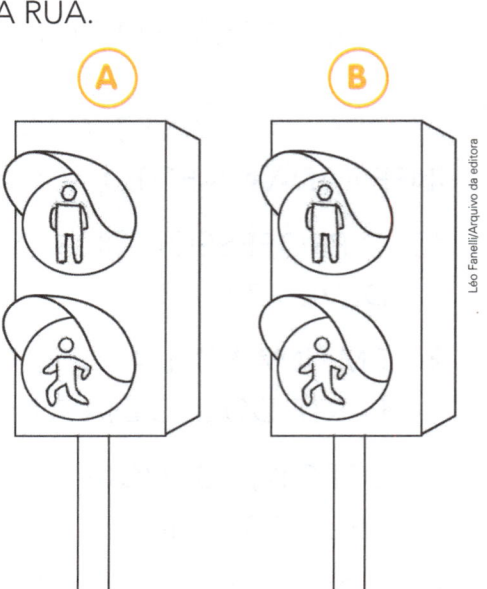

MINHA ESCOLA

A ESCOLA É O LUGAR ONDE VOCÊ APRENDE, BRINCA E FAZ AMIGOS. TODAS AS CRIANÇAS DEVEM IR À ESCOLA. IR À ESCOLA FAZ PARTE DO SEU COTIDIANO.

1 COM O PROFESSOR, VOCÊ E OS COLEGAS VÃO FAZER UM PASSEIO PELA ESCOLA. DEPOIS, FAÇA O QUE SE PEDE.

A) LEIA COM ATENÇÃO E PINTE APENAS OS QUADRINHOS DOS LUGARES QUE VOCÊ VIU EM SUA ESCOLA DURANTE O PASSEIO.

- [ ] DIRETORIA
- [ ] SALAS DE AULA
- [ ] SALA DE INFORMÁTICA
- [ ] SECRETARIA
- [ ] BIBLIOTECA
- [ ] QUADRA DE ESPORTES

B) ESCREVA O NOME DE OUTROS DOIS LUGARES QUE EXISTEM NA ESCOLA.

_____ _____

C) ESCREVA O NOME DE UM LUGAR DA ESCOLA QUE FICA:

- PERTO DA SUA SALA DE AULA: _____
- LONGE DA SUA SALA DE AULA: _____

2 CONVERSE COM OS COLEGAS E O PROFESSOR SOBRE ALGUMAS REGRAS DE CONVIVÊNCIA NA ESCOLA. DEPOIS, COM A AJUDA DO PROFESSOR, ESCREVA UMA REGRA DE CONVIVÊNCIA DOS SEGUINTES LUGARES:

A) BIBLIOTECA:

_____

_____

B) QUADRA DE ESPORTES:

_____

_____

3 OBSERVE AS IMAGENS ABAIXO. ELAS REPRESENTAM ALGUNS OBJETOS QUE EXISTEM EM UMA ESCOLA.

AS IMAGENS NÃO ESTÃO REPRESENTADAS EM PROPORÇÃO.

① ② ③ ④ ⑤ ⑥

A) AGORA, OBSERVE UMA ESCOLA VISTA DO ALTO E DE LADO.

PARTE DA ESCOLA VISTA DO ALTO E DE LADO

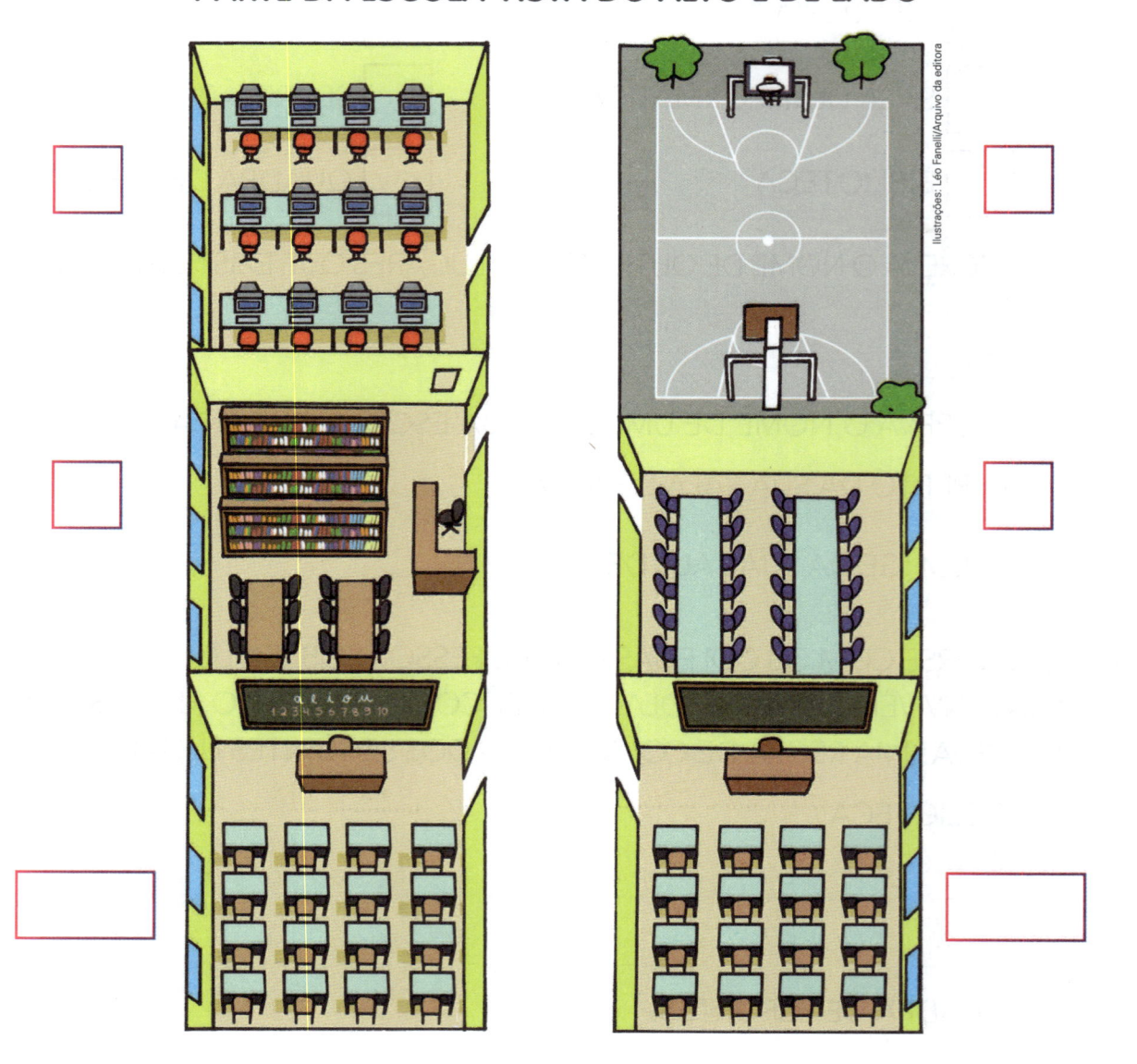

- ESCREVA O NÚMERO DE CADA OBJETO NO QUADRINHO AO LADO DO LUGAR ONDE ELE DEVE FICAR NA ESCOLA.

B) OBSERVE A MESMA ESCOLA DA PÁGINA ANTERIOR VISTA DO ALTO, DE CIMA PARA BAIXO. DEPOIS, FAÇA O QUE SE PEDE.

PARTE DA ESCOLA VISTA DO ALTO, DE CIMA PARA BAIXO

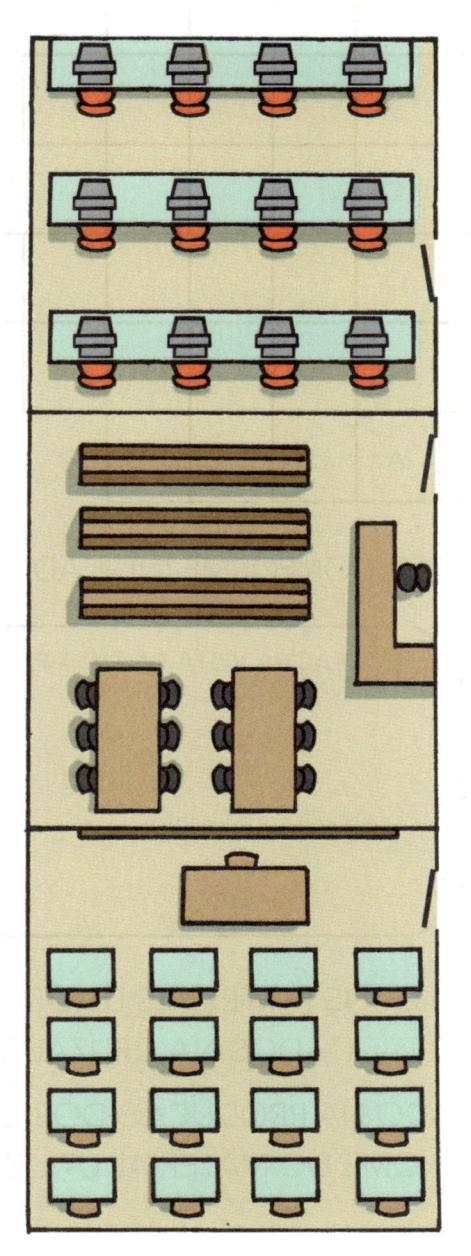

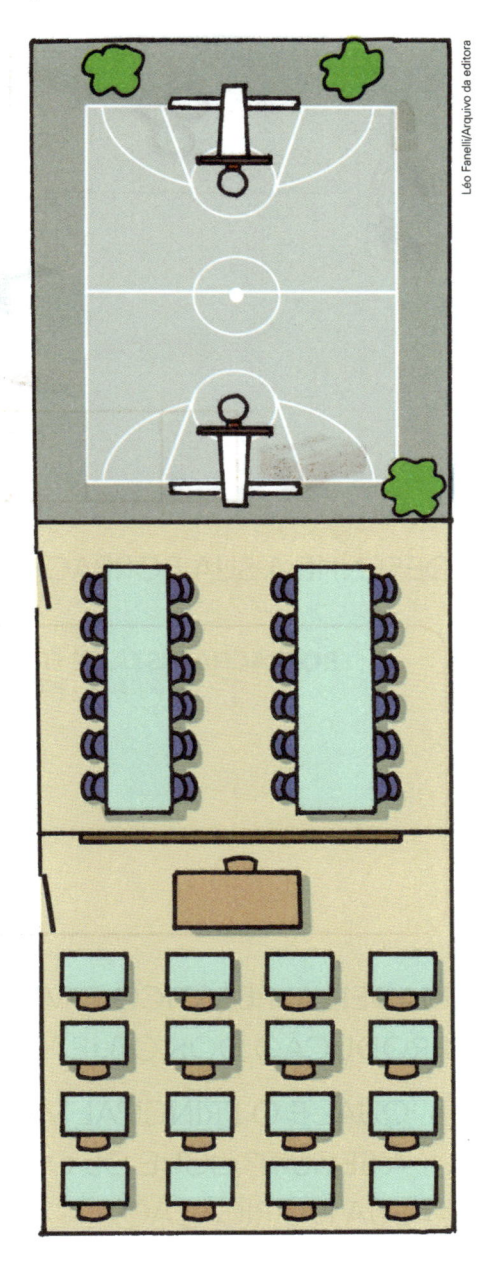

- ANTES DE COMEÇAR A AULA, ALICE ALMOÇOU NO **REFEITÓRIO**. DEPOIS, PASSOU PELA BIBLIOTECA, PELA QUADRA DE ESPORTES E PELA SALA DE INFORMÁTICA. FINALMENTE, FOI PARA A SALA DE AULA, AO LADO DO REFEITÓRIO. TRACE, COM LÁPIS **VERMELHO**, O CAMINHO QUE ALICE PERCORREU.

REFEITÓRIO: LUGAR ONDE SÃO SERVIDAS REFEIÇÕES, COMO O ALMOÇO E O LANCHE.

4 COMPLETE A CRUZADINHA COM O NOME DOS OBJETOS ESCOLARES ILUSTRADOS.

AS IMAGENS NÃO ESTÃO REPRESENTADAS EM PROPORÇÃO.

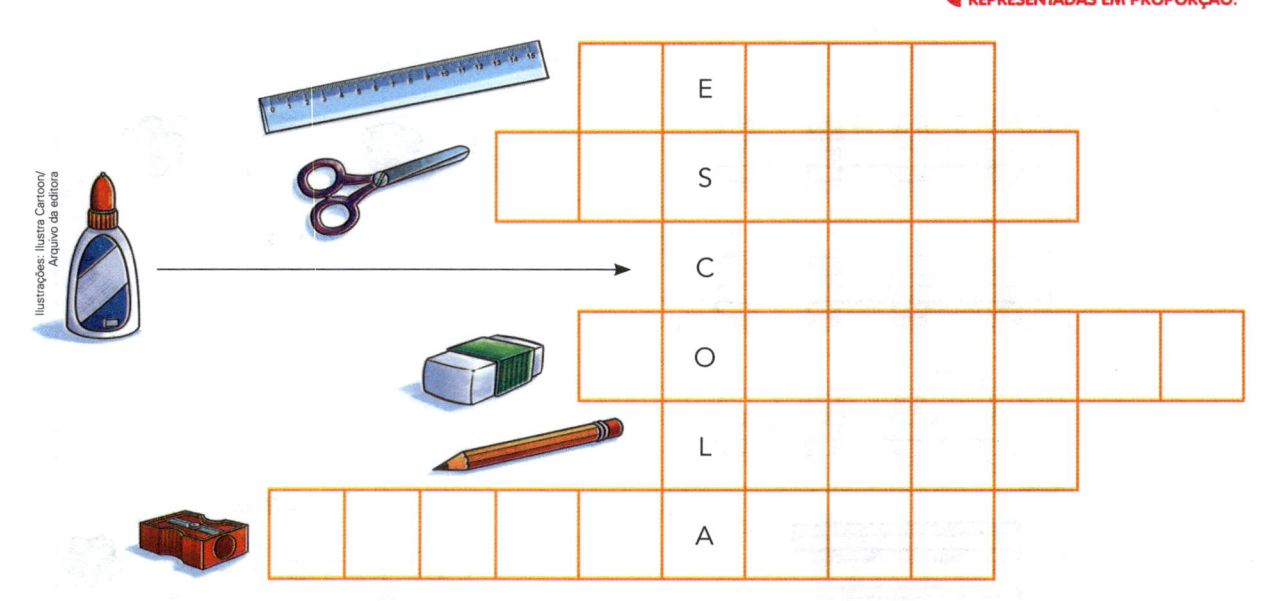

			E				
			S				
			C				
			O				
			L				
			A				

5 DESENHE A SUA BORRACHA DUAS VEZES, CONFORME INDICADO ABAIXO.

BORRACHA VISTA DE FRENTE	BORRACHA VISTA DE CIMA PARA BAIXO

6 MADEIRA, PLÁSTICO E METAL SÃO ALGUNS MATERIAIS UTILIZADOS NA PRODUÇÃO DOS OBJETOS ESCOLARES CITADOS NA CRUZADINHA.

- QUAL É O PRINCIPAL MATERIAL USADO NA PRODUÇÃO DOS OBJETOS A SEGUIR? LIGUE OS OBJETOS AO NOME DO MATERIAL UTILIZADO NA SUA FABRICAÇÃO.

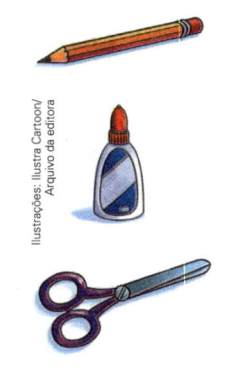

PLÁSTICO

METAL

MADEIRA

7 AGORA, VAMOS COLOCAR ESTES OBJETOS EM DIFERENTES LUGARES.

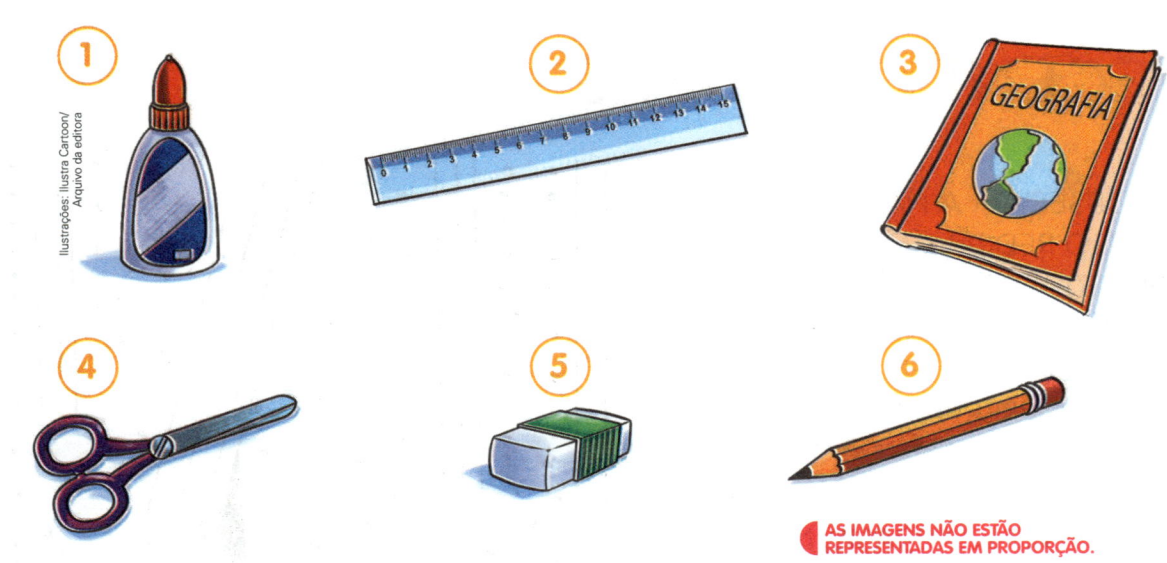

1. (cola)
2. (régua)
3. (livro de GEOGRAFIA)
4. (tesoura)
5. (borracha)
6. (lápis)

AS IMAGENS NÃO ESTÃO REPRESENTADAS EM PROPORÇÃO.

A) OBSERVE A MENINA SENTADA E OS LUGARES EM QUE OS OBJETOS PODEM FICAR AO SEU REDOR.

1. ATRÁS DELA
2. ACIMA DELA
3. NA FRENTE DELA
4. PERTO DELA
5. LONGE DELA
6. EMBAIXO DELA

B) NO QUADRO A SEGUIR, DESENHE ESSES OBJETOS NOS LUGARES INDICADOS ACIMA.

TECENDO SABERES

OBSERVAR A NATUREZA AO NOSSO REDOR É MUITO IMPORTANTE PARA APRENDERMOS A RESPEITÁ-LA. ALÉM DE OBSERVAR, PODEMOS DESENHAR O QUE OBSERVAMOS.

DESENHAR FAZ PARTE DO DIA A DIA DO POVO INDÍGENA TRUMAI. ELES VIVEM NO BRASIL, NO PARQUE INDÍGENA DO XINGU. SEUS DESENHOS SÃO FEITOS COM BASE NA OBSERVAÇÃO DA NATUREZA.

O DESENHO AO LADO É UMA REPRESENTAÇÃO DO CAMINHO DA **SAÚVA**. AS MULHERES TRUMAI FAZEM ESSE DESENHO EM SUAS PERNAS, EM DIA DE FESTA NA ALDEIA.

AGORA, LEIA COM O PROFESSOR O TEXTO ABAIXO EM PORTUGUÊS, QUE EXPLICA ESSE DESENHO. DEPOIS, VEJA COMO FICA ESSE TEXTO ESCRITO EM TRUMAI.

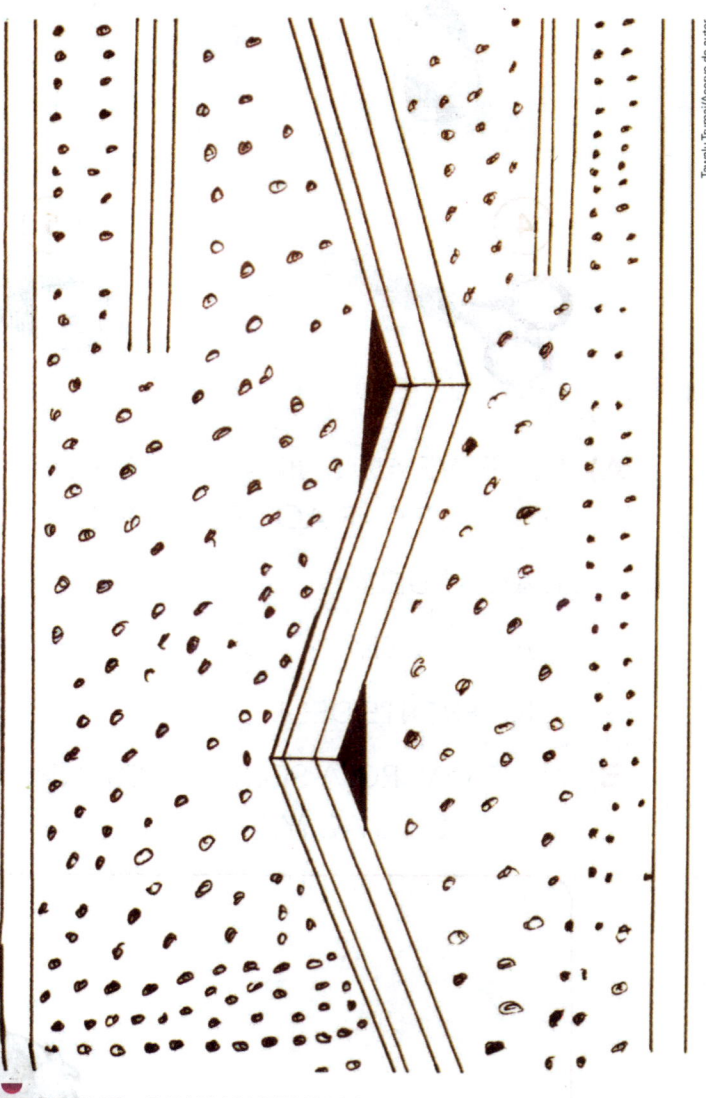

DESENHO: TAWALU TRUMAI.

● **SAÚVA:** NOME POPULAR DADO A ALGUNS TIPOS DE FORMIGA.

[...]
NÓS IMITAMOS O CAMINHO DAS SAÚVAS, DESENHANDO DO JEITO COMO ELAS ANDAM: TORTO.
[...]
KUDAMAT,' EK KA'CHÏAL KEFANE YI KAIN HA WANEK, INT'A NAWAN HEN WAN K' AD CHACHXON: NACHA NACHA. [...]

PROFESSORES E ALUNOS TRUMAI. **TRUMAI:** LIVRO PARA ENSINO DA LÍNGUA TRUMAI. SÃO PAULO: INSTITUTO SOCIOAMBIENTAL, 2002. P. 99. DISPONÍVEL EM: <http://www.bibliotecadigital.abong.org.br/handle/11465/1680>. ACESSO EM: 5 SET. 2019.

1 NAS ESCOLAS DO POVO TRUMAI, AS CRIANÇAS APRENDEM EM SUA PRÓPRIA LÍNGUA E EM PORTUGUÊS. E VOCÊ, FALA OUTRA LÍNGUA ALÉM DO PORTUGUÊS? QUAL?

_____

2 FAÇA ABAIXO UM DESENHO QUE REPRESENTE ALGO QUE VOCÊ OBSERVA NA NATUREZA AO SEU REDOR. UTILIZE O DESENHO DOS TRUMAI COMO INSPIRAÇÃO. LEMBRE-SE DE PINTÁ-LO.

A) QUAIS CORES PREDOMINAM EM SEU DESENHO?

_____

B) VOCÊ USOU ALGUMA FIGURA GEOMÉTRICA EM SEU DESENHO? QUAL?

_____

C) E NO DESENHO DOS TRUMAI, HÁ FIGURAS GEOMÉTRICAS?

CAPÍTULO 4

OUTROS LUGARES DE VIVÊNCIA

ALÉM DA SUA MORADIA, DA ESCOLA E DA RUA ONDE MORA, QUE OUTROS LUGARES VOCÊ FREQUENTA?

PARA INICIAR

FORME UMA RODA COM OS COLEGAS E ACOMPANHE A LEITURA QUE O PROFESSOR VAI FAZER DO POEMA.

VIAGEM MALUCA

PRA ONDE VOCÊ QUER IR?
DEPRESSA!
O TREM VAI PARTIR...

QUER IR ATÉ O CASTELO
COBERTO DE DIAMANTES,
ONDE A PRINCESA CASOU-SE
COM UM GIGANTE?

QUER IR ATÉ UM PLANETA
ONDE O CABELO NÃO CRESÇA?
OS HOMENS TÊM OLHOS NOS PÉS
E OS PÉS ESTÃO NA CABEÇA?
[...]

MARIA MAZZETTI. **PAROU PARADINHO**. RIO DE JANEIRO: AO LIVRO TÉCNICO, 2009. P. 12-13.

1. QUAL DOS LUGARES DO POEMA VOCÊ ESCOLHERIA PARA FAZER UMA VIAGEM MALUCA? POR QUÊ?

2. QUEM VOCÊ CHAMARIA PARA FAZER ESSA VIAGEM? POR QUÊ?

LUGARES QUE EU CONHEÇO

EM SEU DIA A DIA, VOCÊ FREQUENTA DIFERENTES LUGARES: SUA MORADIA, SUA ESCOLA, A RUA ONDE VOCÊ MORA.

MAS HÁ OUTROS LUGARES AONDE PODEMOS IR E QUE NÃO FAZEM PARTE DO NOSSO DIA A DIA. PODE SER A CASA DE UM FAMILIAR, UMA PRAIA, UM PARQUE OU UMA FAZENDA, POR EXEMPLO.

1 PENSE EM UM LUGAR QUE VOCÊ VISITOU, COMO UM PARQUE, POR EXEMPLO. FAÇA UM MAPA NO QUADRO ABAIXO. REPRESENTE TRÊS ELEMENTOS QUE VOCÊ LEMBRA QUE EXISTEM NELE.

A) ESCREVA O NOME DE UMA ATIVIDADE QUE VOCÊ GOSTOU DE FAZER QUANDO ESTEVE LÁ.

_____

B) COMPLETE E PINTE A MOLDURA PARA FICAR BEM BONITA.

2 VÍTOR RECEBEU UMA CARTA ENGRAÇADA DA AMIGA MARÍLIA. DE UM JEITO DIFERENTE, ELA CONTOU SOBRE A VIAGEM QUE FEZ PARA A CASA DOS TIOS.

- LEIA E DECIFRE A CARTA, ESCREVENDO O NOME DE TUDO O QUE MARÍLIA DESENHOU.

MEU AMIGO VÍTOR,

SEMANA PASSADA, FUI DE _____

COM MEUS PAIS, MINHA AVÓ E MINHA IRMÃ ATÉ A PEQUENA

_____ ONDE MEUS TIOS MORAM.

DURANTE A VIAGEM, FIQUEI OLHANDO PELA JANELA E VI

_____, _____

E _____.

CRUZAMOS UMA _____ SOBRE UM

_____, CHAMADO RIO DAS

_____. O _____ BRILHAVA

NO CÉU.

FINALMENTE, CHEGAMOS À _____ DE

MEUS TIOS.

ASSINADO: MARÍLIA

3 MARÍLIA PRESTOU ATENÇÃO NO CAMINHO ATÉ A CIDADE ONDE MORAM OS TIOS DELA. AJUDE MARÍLIA A DESENHAR O QUE ELA VIU.

A) OLHANDO DE FRENTE PARA O DESENHO A SEGUIR, COMPLETE-O COM OS SEGUINTES ELEMENTOS:

- ANIMAIS DO LADO ESQUERDO DA ESTRADA.
- PLANTAÇÕES DO LADO DIREITO DA ESTRADA.
- PONTE SOBRE O RIO.

B) AGORA, DESENHE O SOL ENTRE OS PASSARINHOS.

C) EM QUAL LADO DA ESTRADA HÁ MAIS CASAS?

REPRESENTANDO LUGARES

NA PÁGINA ANTERIOR, VOCÊ REPRESENTOU OS ELEMENTOS DE UM CAMINHO EM UM DESENHO. AGORA, VOCÊ VAI VER QUE É POSSÍVEL REPRESENTAR LUGARES DE OUTRAS MANEIRAS.

1 OBSERVE A REPRODUÇÃO DE DUAS PINTURAS.

RIO PIRACICABA, DE JOAQUIM DUTRA, 1927 (ÓLEO SOBRE TELA, DE 34 cm × 60 cm).

FLORESTA, DE JANAÍNA BORGES, 2000 (ACRÍLICO SOBRE TELA, DE 40 cm × 55 cm).

A) QUEM SÃO OS AUTORES DESSAS PINTURAS?

B) O QUE VOCÊ OBSERVA NA PRIMEIRA PINTURA? E NA SEGUNDA?

C) NA SUA OPINIÃO, OS TÍTULOS FORAM BEM ESCOLHIDOS? POR QUÊ?

2 O ARTISTA NÃO TERMINOU DE COLORIR A PINTURA. VAMOS AJUDÁ-LO?

A) ESCOLHA UMA COR PARA PINTAR O SOL E OUTRA PARA PINTAR O BARCO.

B) DEPOIS, PINTE OS QUADRINHOS DO FINAL DA PÁGINA COM AS CORES QUE VOCÊ USOU NO DESENHO.

LEGENDA

☐ CÉU	☐ SOL	☐ AREIA
☐ MAR	☐ MORRO	☐ BARCO	☐ VEGETAÇÃO

3 A FOTO ABAIXO RETRATA UMA PARTE DA CIDADE DE CAMPO BELO, QUE FICA NO ESTADO DE MINAS GERAIS. OBSERVE COM ATENÇÃO.

CAMPO BELO, NO ESTADO DE MINAS GERAIS, 2016.

A) ESCREVA O QUE VOCÊ VÊ:

- MAIS AO LONGE NA FOTO: _____
- MAIS DE PERTO NA FOTO: _____

B) CIRCULE A CONSTRUÇÃO MAIS ALTA DO LADO DIREITO DA FOTO.

C) PINTE O QUADRINHO QUE INDICA O LADO DA FOTO EM QUE ESTÁ UM CARRO VERMELHO. ☐ DIREITO ☐ ESQUERDO

D) ESSA FOTO MOSTRA UMA PRAÇA, QUE É UM ESPAÇO PÚBLICO. CONVERSE COM OS COLEGAS E O PROFESSOR:

- COMO AS CRIANÇAS PODEM USAR A PRAÇA?
- DESENHE UM BRINQUEDO PARA CRIANÇAS NO MEIO DA PRAÇA.

4 ACOMPANHE A LEITURA DO PROFESSOR.

A VIDA NA ROÇA

EU MORO NA ROÇA.
AH, EU ADORO VIVER LÁ!
SABE POR QUÊ? [...]
O VENTO FRESCO QUE VEM LÁ DA SERRA
A PAISAGEM D-I-S-T-A-N-T-E...
[...]
O BARULHO GOSTOSO DA CACHOEIRA

É MÚSICA PARA MEUS OUVIDOS.
[...]

JAILMA GABRIELE PEREIRA. A VIDA NA ROÇA. IN: **OLIMPÍADAS DE LÍNGUA PORTUGUESA**: ESCREVENDO O FUTURO. DISPONÍVEL EM: <http://portal.mec.gov.br/arquivos/poesias.pdf>. ACESSO EM: 5 SET. 2019.

> **SUGESTÃO DE...**
> **LIVRO**
> **FESTA NO MEU JARDIM**, DE MARCOS BAGNO. CURITIBA: POSITIVO, 2015.

A) NA SUA OPINIÃO, O LUGAR RETRATADO NO POEMA É TRANQUILO OU AGITADO? EXPLIQUE AOS COLEGAS POR QUE VOCÊ TEM ESSA IMPRESSÃO.

B) VEJA O CAMINHO PARA CHEGAR À CACHOEIRA DO POEMA. COPIE O PERCURSO NO QUADRICULADO MENOR.

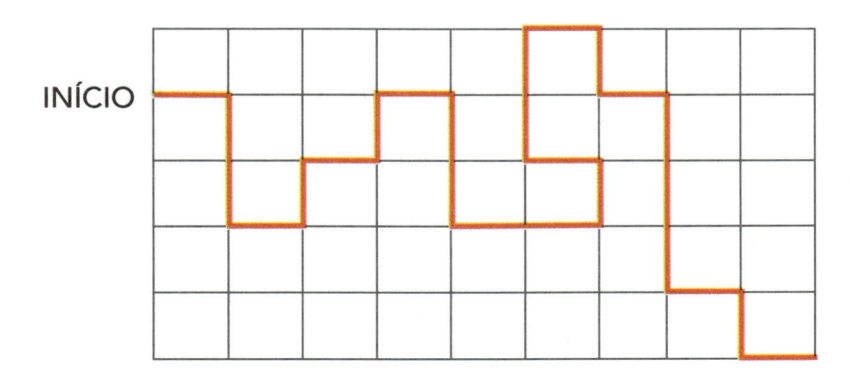

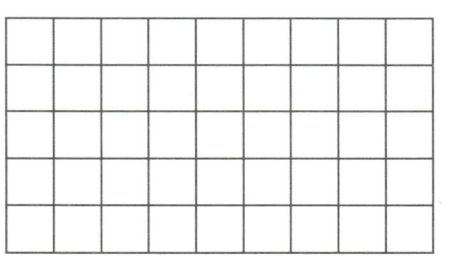

ASSIM TAMBÉM APRENDO

NESTA ATIVIDADE, VOCÊ VAI MONTAR UM PORTA-RETRATOS COM LUGARES ONDE GOSTA DE ESTAR E UM LUGAR QUE SONHA EM CONHECER.

1. ESCOLHA UMA FOLHA DE CARTOLINA DE SUA COR PREFERIDA.

2. PEÇA A UM ADULTO QUE AJUDE VOCÊ A CORTÁ-LA NO SENTIDO DO COMPRIMENTO, FAZENDO UMA TIRA DE 15 CENTÍMETROS DE LARGURA.

3. DOBRE A TIRA DE CARTOLINA AO MEIO.

4. DEPOIS, DOBRE NOVAMENTE CADA METADE NO SENTIDO CONTRÁRIO, FORMANDO UMA SANFONA COM QUATRO PARTES. VEJA AS IMAGENS.

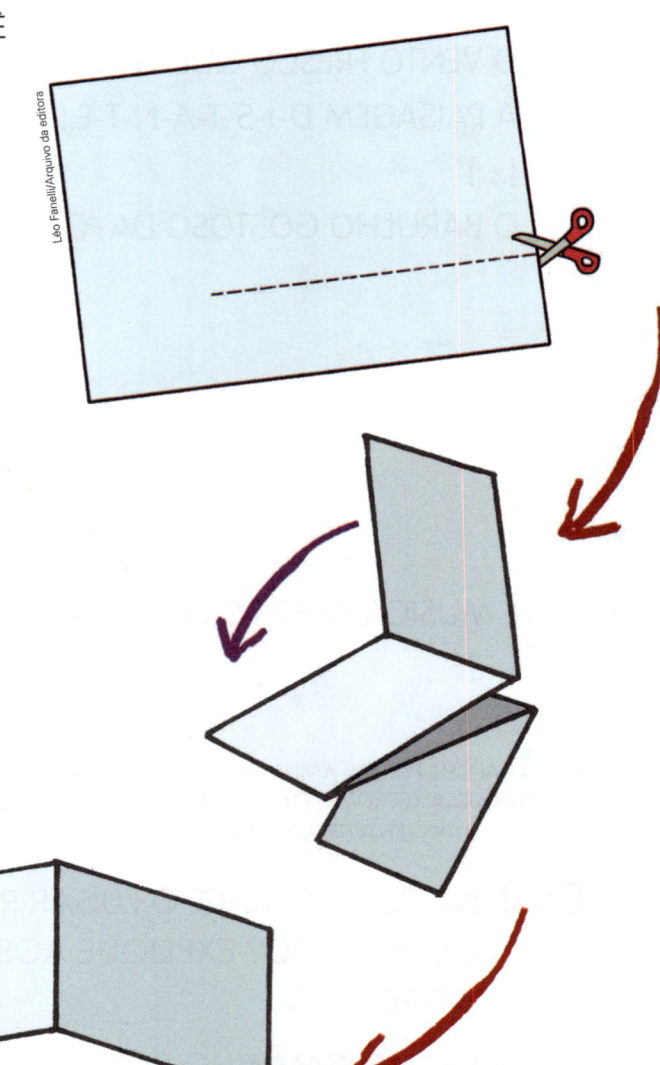

5. AGORA, VOCÊ VAI MONTAR O PORTA-RETRATOS:

   A) NA PRIMEIRA PARTE DA TIRA DE CARTOLINA, ESCREVA NO ALTO: **RUA ONDE EU MORO**.

   - COLE UMA FOTO OU UM DESENHO DA SUA RUA.
   - ENFEITE O CONTORNO COM DESENHOS OU COLAGENS DE SEMENTES, MACARRÃO, PEDACINHOS DE PAPEL, ETC.

B) NA SEGUNDA PARTE, ESCREVA: **ESCOLA ONDE EU ESTUDO**.

- COLE TAMBÉM UMA FOTO OU UM DESENHO.
- USE SUA CRIATIVIDADE E ENFEITE DE UM JEITO DIFERENTE DO ANTERIOR.

C) NA TERCEIRA PARTE DA TIRA, ESCREVA: **LUGAR QUE EU PREFIRO**.

- COLE UMA FOTO OU UM DESENHO.

D) NA QUARTA PARTE, ESCREVA: **LUGAR QUE EU QUERO CONHECER**.

- COLE UMA IMAGEM OU DESENHE.

E) ENFEITE AS DUAS ÚLTIMAS PARTES, COMO VOCÊ FEZ COM AS DUAS PRIMEIRAS.

6. QUANDO SEU TRABALHO FICAR PRONTO, VOCÊ TERÁ UM LINDO PORTA-RETRATOS PARA MOSTRAR A SEUS FAMILIARES. COLOQUE-O SOBRE UM MÓVEL PARA ENFEITAR SEU QUARTO OU OUTRO CÔMODO DA SUA MORADIA.

LUGARES QUE EU NÃO CONHEÇO

NO MUNDO HÁ LUGARES QUE TÊM FLORESTAS, DESERTOS OU MONTANHAS. VAMOS CONHECER ALGUNS DELES?

1 OBSERVE AS FOTOS.

MANAUS, NO ESTADO DO AMAZONAS, 2019.

MARROCOS, 2015.

ÁUSTRIA, 2017.

A) SERÁ QUE MORAM PESSOAS NESSES LUGARES? _____

B) NO LUGAR DA FOTO 1 CHOVE MUITO O ANO TODO. E NO LUGAR ONDE VOCÊ MORA, TAMBÉM COSTUMA CHOVER BASTANTE? EM QUE ÉPOCA DO ANO? CONVERSE COM OS COLEGAS E O PROFESSOR.

C) FAÇA AS ATIVIDADES COM BASE NAS FOTOS DA PÁGINA ANTERIOR.

- ESCREVA EM CADA QUADRINHO A LETRA CORRESPONDENTE E DESCUBRA O QUE HÁ NOS LUGARES MOSTRADOS NAS FOTOS.

1	2	3	4	5	6	7	8	9	10	11	12
A	E	O	S	H	F	N	R	M	T	L	D

FOTO 1

6	11	3	8	2	4	10	1
F	L	O	R	E	S	T	A

FOTO 2

12	2	4	2	8	10	3
D	E	S	E	R	T	O

FOTO 3

9	3	7	10	1	7	5	1
M	O	N	T	A	N	H	A

- COM BASE APENAS NA OBSERVAÇÃO DAS FOTOS, É POSSÍVEL AFIRMAR QUE FAZ MUITO FRIO NO LUGAR RETRATADO EM QUAL FOTO? ASSINALE COM **X**.

☐ FOTO 1   ☐ FOTO 2   ☐ FOTO 3

2 NO LUGAR ONDE VOCÊ MORA, COSTUMA FAZER MUITO FRIO EM UMA ÉPOCA DO ANO? QUAL? CONVERSE COM OS COLEGAS E O PROFESSOR.

MINHA COLEÇÃO DE PALAVRAS EM GEOGRAFIA

VAMOS CONVERSAR UM POUCO SOBRE OS DESERTOS?

(DESERTO)

1. COMO VOCÊ DESCOBRIU, A FOTO 2 DA PÁGINA 74 RETRATA UM DESERTO. O QUE VOCÊ OBSERVA NELA?

2. COMPARE A FOTO DE DESERTO COM A DE FLORESTA (1). O QUE CHAMA A SUA ATENÇÃO?

3 NO LUGAR ONDE OS IRMÃOS JOÃO E RITA MORAM, NO INVERNO COSTUMA FAZER MUITO FRIO. JÁ NO VERÃO FAZ CALOR.

A) OBSERVE JOÃO E ALGUMAS ROUPAS DE SEU ARMÁRIO NA ILUSTRAÇÃO ABAIXO.

- FAÇA UM **X** NAS ROUPAS QUE JOÃO DEVE USAR NO INVERNO.
- DESENHE NO MENINO AS ROUPAS QUE VOCÊ ESCOLHEU.

B) AGORA, OBSERVE ABAIXO RITA E ALGUMAS PEÇAS DE ROUPA DE SEU ARMÁRIO.

- FAÇA UM **X** NAS ROUPAS QUE RITA DEVE USAR NO VERÃO.
- DESENHE NA MENINA ALGUMAS ROUPAS QUE VOCÊ ESCOLHEU.

C) COMPARE SEU TRABALHO COM O DOS COLEGAS. VOCÊS ESCOLHERAM AS MESMAS ROUPAS PARA JOÃO? E PARA RITA?

D) QUE TIPO DE ROUPA É MAIS COMUM VOCÊ USAR NO LUGAR ONDE MORA? CONTE AOS COLEGAS SOBRE O TIPO DE ROUPA QUE VOCÊ COSTUMA USAR DURANTE O ANO. É O MESMO TIPO DE ROUPA O ANO TODO?

4 DESCUBRA OS LUGARES.

A) ENCONTRE E CIRCULE NO DIAGRAMA:

- DE **VERDE**, LUGAR PARA TOMAR BANHO DE MAR E BRINCAR.
- DE **AZUL**, LUGAR PARA APRECIAR OBRAS DE ARTE E OBJETOS ANTIGOS.
- DE **PRETO**, LUGAR ONDE SE PODE PESCAR.

A	X	V	L	M	T	L	D	R	V
W	Q	G	U	B	Y	E	H	I	E
R	X	P	R	A	I	A	T	O	G
D	V	A	A	T	B	L	J	E	I
J	V	X	E	D	A	F	D	H	B
L	M	U	S	E	U	L	I	R	M
N	B	E	L	I	A	E	Q	S	V

B) AGORA, ESCREVA CADA PALAVRA QUE VOCÊ ENCONTROU AO LADO DA IMAGEM CORRESPONDENTE.

C) EM UM DIA DE CALOR, VOCÊ GOSTARIA DE IR A QUAL DESSES LUGARES? POR QUÊ?

CUIDANDO DOS LUGARES

A HISTÓRIA EM QUADRINHOS ABAIXO MOSTRA UM RIO, LUGAR ONDE O PERSONAGEM CHICO BENTO COSTUMA PESCAR.

1 LEIA COM O PROFESSOR A HISTÓRIA.

MAURICIO DE SOUSA. **CHICO BENTO**. SÃO PAULO: GLOBO, N. 269, 1997.

2 AGORA, CONVERSE COM O PROFESSOR E OS COLEGAS SOBRE AS PERGUNTAS A SEGUIR.

A) O QUE CHICO BENTO PESCOU? VOCÊ ESPERAVA POR ISSO?

B) O QUE VOCÊ ACHOU DA ATITUDE DO CHICO BENTO?

C) VOCÊ PODERIA FAZER ALGO PARECIDO? O QUÊ?

SEPARANDO O LIXO

PARA QUE OS LUGARES PERMANEÇAM PROTEGIDOS E NÃO SEJAM DESTRUÍDOS, PRECISAMOS CONSERVAR O **AMBIENTE**. UMA DAS MANEIRAS DE FAZER ISSO É DESCARTAR CORRETAMENTE O LIXO QUE PRODUZIMOS, DE ACORDO COM O MATERIAL DE QUE ELE É FABRICADO.

VEJA COMO ISSO É FEITO UTILIZANDO AS LIXEIRAS DE **COLETA SELETIVA**. PRESTE ATENÇÃO, POIS CADA COR TEM UM SIGNIFICADO.

SUGESTÃO DE...
LIVRO
O CASO DO LIXO PERDIDO, DE RAMON M. SCHEIDEMANTEL. BLUMENAU: SONAR, 2016.

Ilustrações: Léo Fanelli/Arquivo da editora

METAL — VIDRO — PLÁSTICO — PAPEL — ORGÂNICO

1 DESCARTE CORRETAMENTE O LIXO LIGANDO OS OBJETOS ÀS LIXEIRAS ONDE ELES DEVEM SER DEPOSITADOS.

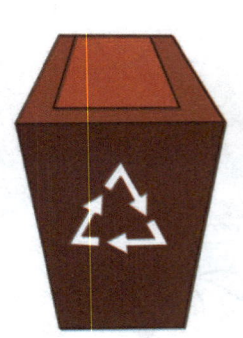

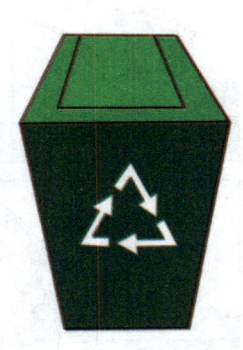

◀ As imagens não estão representadas em proporção.

Ilustrações: Léo Fanelli/Arquivo da editora

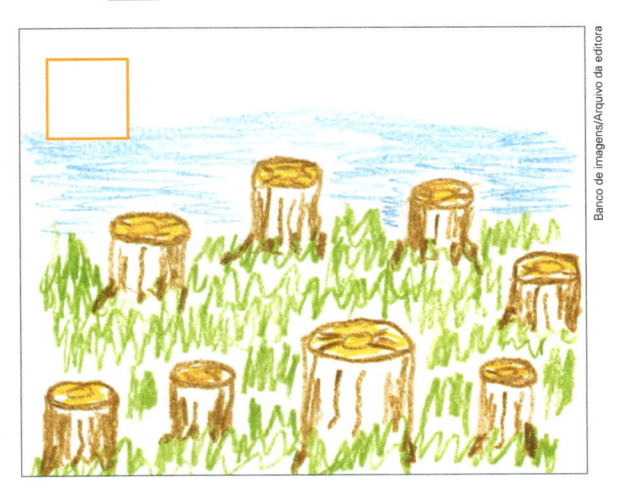

2 OBSERVE OS DESENHOS. PINTE O QUADRINHO PARA INDICAR COMO A NATUREZA ESTÁ SENDO TRATADA EM CADA UM.

🟧 COM DESRESPEITO.   🟩 COM RESPEITO.

3 AGORA É A SUA VEZ! FAÇA UM DESENHO QUE REPRESENTE ATITUDES DE RESPEITO À NATUREZA.

O QUE ESTUDAMOS

EU ESCREVO E APRENDO

NESTA ATIVIDADE VOCÊ VAI UTILIZAR A **LINGUAGEM ESCRITA** PARA RETOMAR O QUE ESTUDOU NA UNIDADE.

ESCREVA ABAIXO DUAS PALAVRAS SOBRE O QUE VOCÊ ESTUDOU EM CADA CAPÍTULO.

CAPÍTULO 3 – NO MEU DIA A DIA

_____

_____

CAPÍTULO 4 – OUTROS LUGARES DE VIVÊNCIA

_____

_____

MINHA COLEÇÃO DE PALAVRAS EM GEOGRAFIA

EM CADA CAPÍTULO DESTA UNIDADE, HÁ UMA PALAVRA DESTACADA PARA A SUA COLEÇÃO DE PALAVRAS DE GEOGRAFIA. SÃO PALAVRAS COMUNS EM TEXTOS DE GEOGRAFIA E VÃO AJUDAR VOCÊ A COMPREENDER MELHOR TODOS ELES.

REVEJA ESSAS PALAVRAS AO LADO.

PAÍS, PÁGINA 49.

DESERTO, PÁGINA 75.

1. O QUE VOCÊ APRENDEU COM ESSAS DUAS PALAVRAS? CONVERSE COM OS COLEGAS E O PROFESSOR.

2. NO CADERNO, ESCREVA ESSAS DUAS PALAVRAS E FAÇA UM DESENHO OU UMA COLAGEM PARA CADA UMA DELAS. O SIGNIFICADO DO SEU DESENHO (OU COLAGEM) DEVE ESTAR RELACIONADO COM O QUE VOCÊ APRENDEU NO CAPÍTULO.

EU DESENHO E APRENDO

NESTA ATIVIDADE VOCÊ VAI UTILIZAR A **LINGUAGEM GRÁFICA** PARA RETOMAR O QUE ESTUDOU NA UNIDADE.

DESENHE ABAIXO O QUE VOCÊ MAIS GOSTOU DE ESTUDAR EM CADA CAPÍTULO. SE PREFERIR, FAÇA UMA COLAGEM.

CAPÍTULO 3 – NO MEU DIA A DIA

CAPÍTULO 4 – OUTROS LUGARES DE VIVÊNCIA

HORA DE ORGANIZAR O QUE ESTUDAMOS

OS VARIADOS TIPOS DE RUA

- GRANDE.
- PEQUENA.
- DE TERRA.
- ASFALTADA.
- TRANQUILA.
- MOVIMENTADA.

A SEGURANÇA DOS PEDESTRES COM O USO DO SEMÁFORO

- VERMELHO: PARE.
- VERDE: SIGA.

DIFERENTES POSIÇÕES PARA LOCALIZAR PESSOAS E OBJETOS NO ESPAÇO

- ATRÁS.
- AO LADO.
- NA FRENTE.
- PERTO.
- LONGE.
- DIREITA.
- ESQUERDA.
- E MUITAS OUTRAS.

AS DIFERENÇAS ENTRE OS LUGARES

- FLORESTA.
- DESERTO.
- MONTANHA.

OS DIFERENTES TIPOS DE ROUPA PARA O FRIO E O CALOR

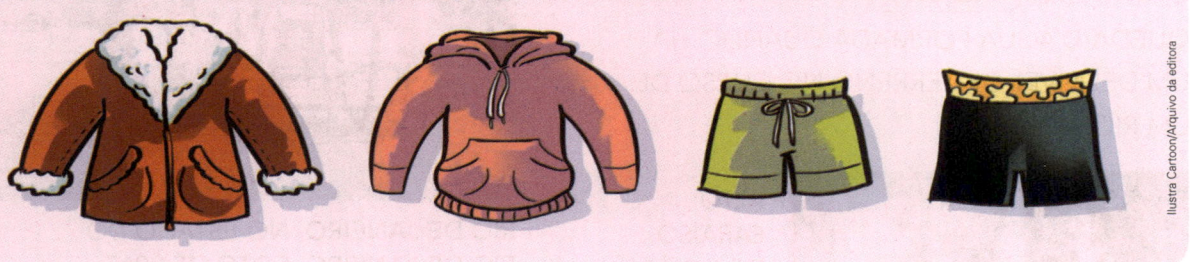

A COLETA SELETIVA E A CONSERVAÇÃO DO AMBIENTE

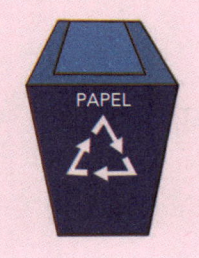

PAPEL — PLÁSTICO — METAL — ORGÂNICO — VIDRO

PARA VOCÊ REFLETIR E CONVERSAR

- VOCÊ TEVE DIFICULDADE PARA REALIZAR ALGUMA ATIVIDADE?
- COMO VOCÊ PODE CUIDAR DOS ESPAÇOS PÚBLICOS, COMO A RUA ONDE MORA?
- VOCÊ COLABORA COM A PRESERVAÇÃO DO AMBIENTE?

GLOSSÁRIO

AS PALAVRAS DESTE GLOSSÁRIO ESTÃO DEFINIDAS DE ACORDO COM O SENTIDO EM QUE FORAM UTILIZADAS NO LIVRO.

A

AMBIENTE PÁGINA 80

O QUE ESTÁ EM VOLTA DE ALGO, INCLUINDO SERES VIVOS E NÃO VIVOS (COMO O AR, A ÁGUA E A TERRA) E A RELAÇÃO ENTRE ELES.

C

CACHOEIRA PÁGINA 71

QUEDA-D'ÁGUA FORMADA QUANDO HÁ UM DESNÍVEL DE TERRENO NO CURSO DE UM RIO.

ALTO PARAÍSO DE GOIÁS, NO ESTADO DE GOIÁS. FOTO DE 2016.

I

INVERNO PÁGINA 76

UMA DAS QUATRO ESTAÇÕES DO ANO. AS OUTRAS SÃO: PRIMAVERA, VERÃO E OUTONO.

CURITIBA, NO ESTADO DO PARANÁ. FOTO DE 2017.

L

LOCAL PÚBLICO PÁGINA 50

LUGAR QUE PERTENCE A TODOS, QUE ESTÁ ABERTO A TODAS AS PESSOAS. AS PRAÇAS E AS RUAS GERALMENTE SÃO LOCAIS PÚBLICOS.

RIO DE JANEIRO, NO ESTADO DO RIO DE JANEIRO. FOTO DE 2017.

M

MORRO PÁGINA 69

ELEVAÇÃO DE PEQUENA ALTITUDE NO TERRENO.

CAVALCANTE, NO ESTADO DE GOIÁS. FOTO DE 2016.

P

PALMO (PÁGINA 31)

MEDIDA DE COMPRIMENTO OBTIDA COM A MÃO ABERTA, DO DEDO MÍNIMO AO POLEGAR.

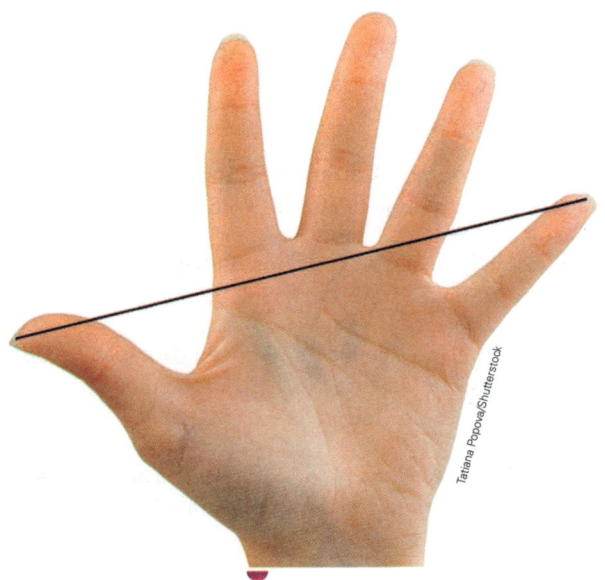

MEDIDA DO PALMO.

PLANETA (PÁGINA 64)

ASTRO OU CORPO CELESTE QUE GIRA AO REDOR DO SOL. NÓS VIVEMOS NO PLANETA TERRA. EXISTEM OUTROS PLANETAS, MAS AINDA NÃO SE SABE SE EXISTE VIDA NELES.

A TERRA VISTA DO ESPAÇO. FOTO DE 2014.

R

ROÇA (PÁGINA 71)

PODE SER ENTENDIDA COMO CAMPO OU MEIO RURAL. PODE SER, AINDA, UM TERRENO ONDE SÃO CULTIVADOS PRODUTOS AGRÍCOLAS, COMO LEGUMES E VERDURAS.

CÂNDIDO SALES, NO ESTADO DA BAHIA. FOTO DE 2016.

V

VERÃO (PÁGINA 76)

UMA DAS QUATRO ESTAÇÕES DO ANO. AS OUTRAS SÃO: PRIMAVERA, OUTONO E INVERNO.

MACEIÓ, NO ESTADO DE ALAGOAS. FOTO DE 2019.

BIBLIOGRAFIA

Desta bibliografia não constam as referências de alguns livros dos quais foram transcritos trechos ao longo dos capítulos. Citamos as referências nos próprios textos, por se tratar de leituras complementares.

ALMEIDA, Rosângela Doin de. **Do desenho ao mapa:** iniciação cartográfica na escola. São Paulo: Contexto, 2016.

_____; JULIASZ, Paula. **Espaço e tempo na Educação Infantil**. São Paulo: Contexto, 2014.

_____; PASSINI, Elza Yasuko. **O espaço geográfico:** ensino e representação. São Paulo: Contexto, 2015.

BRANDÃO, Heliana; FROESELER, Maria das Graças V. G. **O livro dos jogos e das brincadeiras para todas as idades**. Belo Horizonte: Leitura, 1998.

BRASIL. Ministério da Educação. Secretaria de Educação Básica. **Base Nacional Comum Curricular (BNCC)**. Brasília, 2018. Disponível em: <http://basenacionalcomum.mec.gov.br/>. Acesso em: 18 set. 2019.

_____. Secretaria de Ensino Fundamental. **Parâmetros Curriculares Nacionais:** Geografia/História e temas transversais. Brasília: MEC/SEF, 1997.

CALLAI, Helena Copetti. Aprendendo a ler o mundo: a Geografia nos anos iniciais do Ensino Fundamental. **Caderno Cedes**. Educação geográfica e as teorias de aprendizagem, n. 66. Campinas, 2005. Número especial.

CASTELLAR, Sonia M. V. (Org.). **Educação geográfica:** teorias e práticas docentes. São Paulo: Contexto, 2010.

CASTROGIOVANNI, Antonio Carlos (Org.). **Ensino de Geografia:** caminhos e encantos. Porto Alegre: Ed. da PUCRS, 2016.

_____; COSTELLA, Roselane Z. **Brincar e cartografar com os diferentes mundos geográficos:** a alfabetização espacial. Porto Alegre: Ed. da PUCRS, 2016.

CAVALCANTI, Lana de S. **Geografia, escola e construção de conhecimentos**. Campinas: Papirus, 2016.

COLL, César; TEBEROSKY, Ana. **Aprendendo Arte:** conteúdos essenciais para o Ensino Fundamental. São Paulo: Ática, 2009.

DI LEO, Joseph H. **A interpretação do desenho infantil**. Porto Alegre: Artmed, 1988.

KAERCHER, Nestor A. **Desafios e utopias do ensino de Geografia**. Santa Cruz do Sul: Edunisc, 2010.

PAGANELLI, Tomoko I. et al. A noção de espaço e de tempo. **Revista Orientação**, n. 6. São Paulo: Departamento de Geografia – USP, 1985.

PONTUSCHKA, Nídia N.; OLIVEIRA, Ariovaldo U. de (Org.). **Geografia em perspectiva**. São Paulo: Contexto, 2010.

POZO, Juan Ignacio (Org.). **A solução de problemas:** aprender a resolver, resolver para aprender. Porto Alegre: Artmed, 1998.

SCHÄFFER, Neiva. Ler a paisagem, o mapa, o livro... Escrever nas linguagens da Geografia. In: NEVES, Iara C. B. et al. **Ler e escrever:** compromisso de todas as áreas. Porto Alegre: Ed. da UFRGS, 2006.

_____ et al. **Um globo em suas mãos:** práticas para sala de aula. Porto Alegre: Ed. da UFRGS, 2010.

SIMIELLI, Maria Elena. A Cartografia no Ensino Fundamental e Médio. In: CARLOS, Ana F. A. (Org.). **Geografia na sala de aula**. São Paulo: Contexto, 2015.

_____. **Primeiros mapas:** como entender e construir. São Paulo: Ática, 2010. 4 v.

Sites

Agenda Criança Unicef: <www.selounicef.org.br>

Biblioteca Virtual de Educação: <http://bve.cibe.inep.gov.br/>

Revista **Ciência Hoje**: <http://chc.org.br/revista-aberta/>

Acesso em: 5 set. 2019.